JN234160

ODAをどう変えればいいのか

藤林 泰・長瀬理英編著

コモンズ

はしがき――市民調査のすすめ

一九九二年、わたしたち地域自立発展研究所（ＩＡＣＯＤ《イアコッド》）のメンバーは、市民調査を基にした報告『検証ニッポンのＯＤＡ』（学陽書房、九七年にコモンズから第二版を刊行）を出版した。ＯＤＡ（政府開発援助）を受ける側の人びとの視点に可能な限り近づき、東南アジアの複数のケースを通して日本のＯＤＡの実際を描いたつもりである。それから一〇年、ＯＤＡはどのように変わったのか、あるいは変わっていないのか。そうした関心から本書『ＯＤＡをどう変えればいいのか』は生まれた。

第Ｉ部では、一向に変わらない、ときには悪化している面さえあるＯＤＡの実態を取り上げる。第1章で取り上げたのが立ち退き問題。大規模開発によって引き起こされる強制立ち退きによる住民被害は、とどまるところを知らない。立ち退かされた住民にとってＯＤＡは生活破壊以外の何ものでもなく、日本のＯＤＡへの憤りは消えそうもない。第2章は、アメリカ追随外交の一環として実施される戦争協力ＯＤＡ。湾岸戦争周辺国にＯＤＡが投入されて一〇年、いままたアフガニスタン攻撃を開始したアメリカ政府を支持する証として、パキスタンに緊急援助が投入された。

第3章と第4章に見るように、資源確保と日本企業の利益を目的にした古典的ＯＤＡも相変わらずである。これらは、当然ながらわたしたち日本人の暮らしに貢献する。ＯＤＡが日本人を援助しているのだ。だが、援助実施の現場には想像を絶する深刻な事態がもたらされている。ＯＤＡが直接・間接に地元の暮らしを支えている生態系を壊すこともあれば、被援助国の国内対立やそれにともなう人権抑圧政策の後押しをすることもある。

第Ⅱ部では、九二年以後のODAの新たな流れと、ODA改革の可能性を探る。

新しい流れをもたらしたのは、拡大する一方のグローバリズムの潮流に連動したODA政策の変化であり、九七年にアジア各国を襲った通貨・金融危機であり、ODA予算の削減などであった。その結果、ODA政策はこれまで以上に目先の「国益」を重視し、日本企業の貿易・投資の保護を優先させる。具体策として出てきた「民活インフラ」「新宮沢構想」「特別円借款」などが、いま、被援助国の弱い立場にある人びとの生活を一層困窮させつつある。第5章ではこうした問題を検討した。

つぎに、ODA改革の鍵を握る一つと考えられるNGOの動きを二つの面から追ってみた。第6章では、二〇〇二年五月に独立を達成した東ティモールを事例として、復興支援、平和構築という困難なプロセスにおけるODAとNGOの関わりを論じ、第7章では、ODA関係省庁・機関とNGO間の定期協議会という試みから見たODA改革の道筋を探っている。

全体の総括としての第8章では、ODA問題の本質がどこにあるかを指摘し、わたしたちの長年の基本的主張であるODA基本法制定の必要性をあらためて訴えた。

それにしても、一連の「鈴木宗男疑惑」で明らかになった外務省の狡猾な省益擁護の姿勢にはおどろかされる。いまや、納税者の大多数から不信の眼差しが向けられている外務省。そこが世界一の予算額を誇るODAの政策担当であることの危うさを思うと、ODAから発生する大小さまざまな問題を規正するための基本法と、NGOをはじめとする広範な市民による監視態勢が不可欠である。

これまで日本人は、生活レベルの問題から国レベルの問題まで、その解決をとかく専門家たちに任せてきた。しかし、国会議員、官僚、裁判官、弁護士、医師、大学教員など、すべてとは言わないが、とくに専門性が高いとされる立場にある人びとがあてにならないことはしばしば経験してきたし、報道でも明らかにされている。社会的弱者を巻き込んだ問題になると、その傾向はさらに強くなる。ODAも例外ではない。専門家があてにならないのなら、わたしたちの存在を脅かす問題の原因やその背景にある構造を調査し、解決の糸口を探し出す作業は、わたしたち市民の手でおこなうしかない。

本書でお伝えした調査・分析が完璧だと言うつもりはない。だが、この程度なら普通の市民の手でできるという一例として提示したい。そして、読者のなかからもっと精緻で豊かなメッセージ性をもった調査報告がいくつも生まれてくることにこの一冊がつながるならば、うれしさ百倍です。

本書をまとめるにあたり、IACODのメンバー以外の執筆者として、日本国際ボランティアセンター（JVC）の高橋清貴さんの参加を得、NGO活動に追われる多忙な時間を縫って執筆していただいた。さらに、いつもながら厳しい目で原稿を読んでくださったコモンズの大江正章さんと精力的に編集作業を担当してくださった出口綾子さんにも大変お世話になった。合わせて感謝します。

藤林　泰

二〇〇二年五月

もくじ●ODAをどう変えればいいのか

第Ⅱ部　変わる？　ＯＤＡ

カバー写真撮影/清水靖子
装丁/林佳恵

第Ⅰ部

変わらぬＯＤＡ

日本の天然ガス開発借款で建てられたインドネシア、ナングロー・アチェ・ダルサラム州のアルン社の天然ガス精製工場（撮影：佐伯奈津子）

第1章　立ち退かされた人びとの一〇年

藤林　泰

1　ODAと立ち退き

一　援助が生み出す「ODA難民」

港＝バタンガス港開発事業（フィリピン）、ダム＝コトパンジャン水力発電所建設事業（インドネシア）、道路＝ジャカルタ高速道路建設工事（インドネシア）。

この章では、ODA（政府開発援助）にともなって住民の立ち退きが生じたこれら三つのケースを取り上げる。いずれも日本のODAの典型とも言えるインフラ整備案件だ。立ち退き問題を引き起こすインフラ整備として、ほかに工業団地、灌漑用水路、空港、火力発電所、洪水制御などの事業があり、多くの被援助国で実施されてきた。日本政府が重視するインフラ整備事業は、これまでにおそらく数万、数十万人にのぼる住民から土地や住居や地域社会を奪い、伝統や文化を壊してきた。ODAによる立ち退き住民、それは「ODA難民」と呼ぶこともできる。

日本の有償資金協力案件の実施機関であるＪＢＩＣ（国際協力銀行）(1)によれば、円借款案件のうち、一九九八年度六五件中二九件、九九年度七五件中三四件、二〇〇〇年度六六件中三二件で、少なくとも一世帯以上の立ち退きが必要になったとの報告がある。(2)平均四六・一％、半数近い案件で立ち退きが発生しているのだ。

開発にともなう住民移転を、世界銀行は「非自発的移住（Involuntary Resettlement）」と表現し、ＪＢＩＣは「非自発的住民移転」と言う。だが、中立を装うこの表現からは執行する側の強制力が隠されてしまう。かりに同意署名がなされた場合でも、社会的圧力、長期にわたる反対運動による疲弊などの結果である場合も少なくなく、「強制移転」「立ち退き」といった呼び方こそ実態にふさわしい。一見中立的な表現は、しばしば一方の意図から発せられる。

地域自立発展研究所では、九五年から約二年間、「ＯＤＡと立ち退き」というテーマを追って、東南アジア各地で調査を実施した。その成果に最近の追加調査を加えてここで紹介する三つのケースは、幾多の立ち退き住民を生み出したＯＤＡ案件のほんの一部でしかない。しかし、取り上げた事例に見られる住民軽視あるいは無視の開発姿勢は、ほかの多くのケースにも共通しているはずだ。

「開発に犠牲はつきものだ」と平然と言ってのける御用学者がいる。「過去の教訓に学んで、住民の生活再建に十全の対策を立てている」と、アリバイとしての画餅《がべい》を語る実施担当者がいる。聞こえのよい「ガイドライン」が用意されている。だが、開発の犠牲となる弱者は、いまもその生存権を侵害されつづけている。

二　住民切り捨ての開発

「ODAを改革する市民・NGO連絡協議会」が九九年に作成した『ODA改革に向けてのNGOからの提言』(以下『NGO提言』)では、(一)ODA実施の手続き、(二)住民参加、(三)ジェンダー、(四)情報公開、(五)環境、(六)立ち退き、(七)先住民族、(八)市民社会との連携、(九)自治体の開発援助、(一〇)開発教育・地域市民学習の推進の一〇分野にわたる各論が、背景および意義、現状(問題提起)、課題、提言の四つの項目に分けて述べられている。そのうち「立ち退き」の項で指摘されている現状(問題提起)は、おもにつぎの三点だ。

(一)住民の生活基盤が奪われ、その生活全般に悪影響が出る。
(二)住民参加が適正におこなわれず、その前提としての情報開示も不十分。
(三)住民が開発の受益者となっていない。

バタンガス港開発事業、コトパンジャン水力発電所建設、ジャカルタ高速道路建設工事は、いずれもこれらの指摘に該当している。バタンガス港開発事業の例で見てみよう。

(一)一期工事では、約一五〇〇世帯が強制的に移転させられた。だが、政府移転地を選んだ者も、自ら移転地を選択した者も、口をそろえて「ODAが来る前の暮らしはよかった」と言わざるを得ない生活苦に追い込まれている。移転前と比べると、生活レベルは大きく低下している。

また、一世紀近くの時間をかけて育まれた地域社会が破壊された。

(一) 開発計画のフィージビリティ・スタディ（開発可能性調査）が最初に実施されたのは八四年だが、移転対象住民に正式に開発計画が伝えられたのは二年後の八六年であった（情報開示の不備）。さらに、住民代表として移転地選定のための会議にはじめの四年間出席した地区長は、移転対象住民ではなかった。これが、住民の意志を軽視した遠隔地への移転という安易な方向付けがなされた原因の一つとなった。対象住民の代表がこうした会議に参加するようになったのは九四年、もはや移転地が確定してからのことだ（住民参加における当事者認定の問題）。

(三) 移転対象住民の多くは港の施設内で、軽食堂、土産物屋、物売り、船の客引き、荷物運び、漁師などをなりわいとし、港と海の恩恵を糧としていた。したがって、港から遠く離れた移転地への転居は、仕事を奪われることを意味する。開発の受益者とは到底言えない。

三　実施機関の対応

開発にともなって繰り返される立ち退き問題に対して、実施機関はどのような対策を採っているのだろうか。

世界銀行では、融資のプロジェクトにおいて非自発的移住問題が生じた場合の担当スタッフ向け業務マニュアルを、八〇年に策定した。以後、八六年、八八年、九〇年、二〇〇一年と四回にわたって改訂し、同時にその位置づけを「業務政策覚書」「業務指令」「業務政策」としだいに強化している。二〇〇一年の業務政策の要点は、つぎの三点となっている。

（a）非自発的移住は、実行可能なあらゆる代替案を検討して、回避するか最小限にとどめること。

（b）移住が回避できない場合、移住事業は持続可能な開発プログラムと見なして遂行されること。遂行にあたっては、移転住民が当該プロジェクトの利益にあずかるよう十分な用意がされていること。

（c）移転住民は、生計や生活水準が向上するよう支援されるべきであり、少なくとも移住以前もしくはプロジェクト開始前のどちらか高いレベルの生活を事業実施期間中に回復するよう支援を受けること。[3]

また、ＯＥＣＤ（経済協力開発機構）は九一年、「開発プロジェクトにおける非自発的退去および移住に関するガイドライン」を策定している。[4] ここで特筆すべき点は「いかなる場合も、プロジェクトを実施しないという代替案が真剣に考慮されていなければならない」と、プロジェクト中止も選択肢に入れている点であり、より住民サイドに立った姿勢が伺える。

これに対して、日本の海外経済協力基金（ＯＥＣＦ）は、住民移転に特化したガイドラインをいまなお用意していない。これに代わるものとして、九五年八月に作成した「環境配慮のためのＯＥＣＦガイドライン」[5] のなかには「住民移転」として四項目の「環境配慮に関する基本的事項」が提示されている。だが、具体性も拘束力もないため実効が期待できないと、多くのNGOから厳しい批判を浴びた。

二〇〇二年四月一日、ＪＢＩＣは新たに「環境社会配慮確認のための国際協力銀行ガイドライン」を制定、発表した（施行開始は〇三年一〇月）。このガイドライン策定に際して、ＪＢＩＣは透明性を高めるために、原案に対するパブリック・コメントの募集、さらにはＮＧＯ、産業界などに参加を呼びかけたパブリック・コンサルテーション・フォーラムの開催など、新しい取組みを実施した。

新ガイドラインの「非自発的住民移転」に関する項目にはつぎのように書かれている。

＊非自発的住民移転及び生計手段の喪失は、あらゆる方法を検討して回避に努めねばならない。このような検討を経ても回避が可能でない場合には、影響を最小化し、損失を補償するために、対象者との合意の上で実効性ある対策が講じられなければならない。

＊非自発的住民移転及び生計手段の喪失の影響を受ける者に対しては十分な補償及び支援が、プロジェクト実施主体者等により適切な時期に与えられなければならない。プロジェクト実施主体者等は、移転住民が以前の生活水準や収入機会、生産水準において改善または少なくとも回復できるように努めなければならない。これには、土地や金銭による（土地や資産の損失に対する）損失補償、持続可能な代替生計手段等の支援、移転に要する費用等の支援、移転先でのコミュニティー再建のための支援等が含まれる。

＊非自発的住民移転及び生計手段の喪失に係る対策の立案、実施、モニタリングには、影響を受け

る人々やコミュニティーの適切な参加が促進されていなければならない。

「いかなる場合も、プロジェクトを実施しないという代替案が真剣に考慮されていなければならない」とプロジェクト中止まで視野に入れているOECDガイドラインに対して、JBICのほうは「非自発的住民移転及び生計手段の喪失は、あらゆる方法を検討して回避に努めねばならない」と、プロジェクト中止への言及を慎重に避けている。

だが、これら三機関の対応策の最大の問題は、いくつもの禁止事項、留意事項が並べられているものの、遵守しなかった事業者に対する拘束力や罰則がない点ではないか。本章で報告する事例を見てもわかるように、「ODA難民」の暮らしが移転前よりよくなった例はほとんどない。実効がともなわない限り、ガイドラインは画に描いた餅でしかないのだ。

開発にともなう立ち退き問題は、もともと住民の望むところではない。にもかかわらず、彼らが開発の恩恵に浴することは少ない。だとしたら、立ち退き住民への補償は最大限優遇されて然るべきだ。計画への初期からの住民参加、住民の拒否権の保証、十全な生活再建の支援、実施者への拘束力など、住民を守るための詳細かつ実効性のある「立ち退きガイドライン」が求められている。

四　NGOからの提言

こうした実施機関の取組みに対して、NGO側は立ち退き問題をどう考えているのか。

『NGO提言』は、当事者たる「立ち退き住民」を（A）開発事業対象地の居住者で、家屋など居住そのものの場を失った者、（B）開発事業対象地外の居住者で家屋を失ったわけではないが、開発による環境の変化（人口減、環境破壊、資源減少など）によって生活が困難となったため移住した者の二グループと定義した上で、以下三点の「提言」をおこなっている。

（一）住民参加の原則

最優先されるべき当事者である住民は、事業の立案から事業認定、実施、事後評価、補償内容の決定・実施にいたるすべてのプロセスにおいて、事業実施者と対等な発言権を持ち、移転拒否権も保証される。

（二）十全なる補償

住民の生活の質が立ち退き以前より低下することがあってはならない。周囲からの暴力的な関与が生じた場合、あるいは住民の不利益が明らかになった場合、工事開始後であっても事業を中止することができる。

①経済的補償

一時的な雇用や金銭補償だけでなく、生計を継続的に支える生活基盤の提供も合わせて補償する。共同水利など地域社会の共有資産も同様。

②社会的・文化的補償、及びその他の補償

地域社会が有する伝統的・宗教的・文化的価値、固有の社会生活を侵してはならない。

る。

（三）補償のための無償資金協力

被援助国側で補償のための予算措置が困難な場合、補償事業を日本の無償資金協力の枠で補塡する。

以上の『NGO提言』を、実施機関関係者は荒唐無稽と受け止めるかもしれない。しかし、各地の立ち退き住民は、十分と受け止めるだろうか。おそらく、これでさえ「否」だろう。実施側と住民の間には、大きな溝がある。実は、この溝をいかに埋めていくかが問われているのだ。

たとえば、軍事力を背景にして強引な開発を進める国で、日本のODAによる立ち退き問題が生じる。わたしたちが現地に出かけてじっくり話を聞くと、ほとんどの住民が「本音を言えば、いまのままがいい。移転したくない」としだいに語りはじめる。公式の場では本音が語れない住民の置かれた社会状況を、実施機関関係者もおそらく認識しているにちがいない。認識していながら、公式的な言葉だけを取り出して「同意があった」と処理してはいないか。これは、住民に近づくどころか、離反する行為だ。両者の距離を埋めるための努力は、開発を必要と考える側からするしかない。

五　ODAは「ODA難民」をなくせるか

「公共事業、それは理に叶い、情に叶い、法に叶うのものでなければならない。そうでなければ、どのような公共事業も挫折するか、はたまた、下筌の二の舞をふむであろうし、第二の、第三の蜂の巣城、室原が出てくるであろう」

五八年から七〇年までの一三年間、筑後川上流の大山川《おおやまがわ》水系における下筌《しもうけ》ダム（熊本県小国町）建設に対して、通称「蜂の巣城」と呼ばれる砦を築いて激しい反対運動を展開した室原知幸《むろはらともゆき》は、その手記「下筌ダムと私の反対闘争」(6)の最後をこう締めくくっている。

ＯＤＡ、とりわけインフラ整備事業は、しばしば公共事業の海外版と呼ばれる。税金、財政投融資など日本の市民が提供した資金の運用でありながら、密室のなかで決められ、特定の企業・業界の利益を生み出し、縦割り行政のもとでそれぞれの業界に連なる各省庁の省庁益に利用され、「鈴木宗男疑惑」に見られるように政治家たちの利益誘導の道具として使われてきたからだ。それは、政・官・財癒着の構造の温床そのものであり、住民を無視した計画が立案され、実行されていくという共通の過ちをしばしば犯す。

下筌ダム完成から三〇年、室原の予告通り、いや彼の予想を大きく超えて、現実は進行した。国内（公共事業）においても海外（ＯＤＡ）においても、第二、第三、第四、第五……の「蜂の巣城」がつぎつぎと登場している。

国内においては、成田空港（千葉県）、八ツ場《やんば》ダム（群馬県）、川辺川ダム（熊本県）、石木ダム（長崎県）などで、住民の反対行動と行政の強制力が激しく衝突した。

海外においては、ＮＧＯが取り上げた案件だけでも、サグリン・ダム、コトパンジャン・ダム、ジャカルタ高速道路、スマトラパルプ工場（以上インドネシア）、バタンガス港、ジェネラルサントス漁港、メトロマニラ西マンガハン地区洪水制御（以上フィリピン）、メイクワン・ダム、パクムン・ダム（以上タイ）、ナルマダ・ダム（インド）、横断道路（パプアニューギニア）、ソンドゥ・ミリウ・ダム（ケニア）などで、立ち退き問題を引き起こしつづけてきた。ODAのカテゴリーには入らないが、第5章で取り上げるサンロケ・ダム（フィリピン）も、同じ問題を抱えたまま、工事は完成に近づいている。

三つの事例で詳述するように、ODAの現場で人びとの話を聞きながら見えてきた立ち退き問題の実態は、構造的暴力とも言える開発の横暴であった。経済成長のためには犠牲もやむなし、という弱者切り捨ての開発至上主義であった。そして、経済的・政治的に力ある者がさらに肥大化する弱肉強食の構造であった。

ODAが、「ODA難民」をなくせるかどうかは、外務省、国際協力銀行をはじめとする援助政策決定・実施機関が、事業の立案・実施に際して、その計画を「理に叶い、情に叶い、法に叶うのもの」として取り扱うか否か、住民の計画への参加を名実ともに最優先事項として定着させるか否かにかかっている。

（1）　国際協力銀行（Japan Bank for International Cooperation=JBIC）は、一九九九年一〇月に海外経済協力基金（OECF）と日本輸出入銀行が統合されて発足した。本書では、必要に応じて旧組織名またはJBICを使い分ける。

（2）　JBICウェブサイト（http://www.jbic.go.jp/japanese/ngo_jbic/gijiroku/pdf_osaka/osaka_2.pdf）。NGO

―ＪＢＩＣ協議会大阪会合、二〇〇一年一二月九日。

（3）　The World Bank, *World Bank Operational Manual : Operational Policies,* Dec., 2001.

（4）　Organization for Economic Co-operation and Development, *Guidelines for Aid Agencies on Involuntary Displacement and Resettlement,* 1991.

（5）　このガイドラインは、九九年のＪＢＩＣ発足時に「円借款における環境配慮のためのＪＢＩＣガイドライン」と改められたが、「住民移転」の項をはじめ、その内容はほとんど変更されていない。

（6）　下筌・松原ダム問題研究会編『公共事業と基本的人権――蜂の巣城紛争を中心として』所収、帝国地方行政学会、一九七二年。

＊一九九五年・九六年に、「ＯＤＡ（政府開発援助）の大規模開発がもたらす住民強制移住問題に関する調査研究」をトヨタ財団共同研究助成を得て実施した。以下のレポートは、その成果をもとに追加調査をおこなってまとめたものである。記して感謝したい。

2 弱者切り捨ての「援助」●フィリピン

藤林 泰

一 ODAが来る前の暮らしはよかった

二〇〇一年八月、フィリピン共和国バタンガス州バタンガス市サンタクララ地区。

「サンタクララで生まれ、ずっとここで暮らしてきた。だが、あの日（一九九四年六月二七日）、ライフル銃を携えた警察隊に守られた港湾局がやってきて家を壊し、住み慣れた場所を追われ、やむなく政府の用意した移転地シコに移った。

それまで、ジプニー（小型乗り合いバス）の運転手をして家族五人を養ってきたが、シコは街から遠くて（約一五km）、仕事はない。通学のための交通費が用意できなくて、子どもたちも学校を続けることができなかった。たまに手にする現金収入といったら、臨時に雇われる港の荷役だけ。それだって高い交通費を払わなければならなかった。とうとう生活に行き詰まって、九七年にサンタクララに戻ってきた。戻ってからは、臨時雇いの船員をして家計を支えている。しかし、一緒に強制退去させられ、いまもシコに住んでいる仲間たちのほとんどがごみ拾いしかやることがなく、家族を養うこともできない。日本のODAが来る前の暮らしはよかった」

九四年以後の暮らしを知りたいと訪ねたわたしに向けられた、四〇代の男性の切迫した訴えだ。サンタクララ地区の西のはずれの砂州《さす》に建てられた粗末な小屋で、妻と三人の子どもたちと暮らしている。小舟が係留されている水路の対岸には、この家族が九四年まで住んでいた場所に、近代的な装いをした新しいバタンガス港が高いフェンスに囲まれて建っていた。砂州には、同じように移転地での生活に窮して再びサンタクララに戻ってきた元住民の仮小屋が寄り添うように軒を連ねている。周囲は、彼らのことを「リターニー（戻ってきた人びと）」と呼ぶ。

援助の名のもとに実施された港湾拡張工事によって生み出されたリターニーの正確な統計はないが、二〇〇一年八月現在で、一期工事による移転（九四年前後）住民のうち約一三〇世帯、二期工事予定地からの移転（九七〜九八年ごろ）住民のうち約五〇世帯、合わせておよそ一八〇世帯は下らないと見られ、さらに増加中だ。

だが、生活に窮しているのはリターニーだけではない。

九四年の強制取り壊しのあと、遠く離れた移転地に行くことを拒否し、自分たちの手で新たな生活の場を獲得しようと苦闘している約四〇〇世帯。そして、二〇〇二年中に着工されると伝えられる第二期工事建設予定地に住んでいる約一〇〇世帯。それぞれに、日本のＯＤＡによって生活の場と仕事を奪われた、あるいは奪われようとしている人びとだ。

なぜ、「援助」がこうした人びとのかけがえのない生活を奪うのか。「ＯＤＡが来る前の暮らしはよかった」と住民に言わせる援助とは、何なのか。

強制撤去から八年、いまなお人びとを苦しめつづけているＯＤＡ。住民の側からその実像を見つめると、構造的な弱者切り捨ての体質が浮かび上がってくる。

二　「援助」が引き起こした住民への発砲

マニラから南に一〇〇㎞あまり。バタンガス市の町はずれにあるバタンガス港は、ミンドロ島をはじめとする域内の島々に人と物資を運ぶローカル船の発着港として、人びとに親しまれてきた。

かつて、港は活気と喧騒に満ちていた。マニラからつぎつぎとバスがやってきて、島に渡る客が降り立つ。船客をひとりでも多く確保しようと殺到する客引き、バスの屋根から降ろされる乗客の荷物を奪い合う運び屋、乗船前の客を呼び込む軽食堂や土産物屋のおばさんたち……。あたりには終日雑多な呼び声が飛び交い、港に拠ってなりわいを得ている地元の人びとと行き交う客とが、一見無秩序で、それでいて過不足のない相互依存の場を形成していた。

だが、九四年六月、小さな港の活気と喧騒は「開発」の名のもとに一掃され、九九年に完成した近代的な新港には、静かな「秩序」が漂っている。

新聞、テレビ、出版物でもたびたび報道され、批判された、流血をともなったバタンガス港強制撤去事件は、四六年にわたる日本のＯＤＡの歴史における最大の汚点の一つであることは間違いない。

事件の背景と経緯については、諏訪勝が詳しく報告している(1)。六月二七日午前九時、事業担当機関であるフィリピン政府港湾局職員と作業員合わせて五〇〇人が、三〇〇人の武装した警察隊に守られてサンタクララ地区の一期工事予定地に到着。家屋が密集する一帯を陸側と海側から挟むように押し寄せてきた。警察隊は、排除に抵抗する住民に向かってライフル銃を発射。重軽傷者約一〇人を出してひるんだ住民が退くと、すぐに家屋の取り壊し作業がはじまり、七月三日には一四六七世帯（JBIC報告の移転対象世帯総数）すべての暮らしの場が瓦礫と化した。混乱のなか、事件のショックで持病の心臓病を悪化させて亡くなった男性もいる。住民のなかには、三代にわたって約一〇〇年間この地に住んできた一家もあった。

「援助」の名のもとにこれだけの犠牲を払って進められる港湾拡張工事は、何を目的にしているのか。JICA（国際協力事業団）が実施したフィージビリティ・スタディ（八四年）によって具体化したバタンガス港開発事業のねらいとして、JBIC（国際協力銀行）は短期と長期二つの計画をあげて説明している(2)（『円借款案件事後評価報告書二〇〇〇』以下『JBIC事後評価報告書』）。

短期計画＝狭く老朽化した港湾施設を整備、拡張して、ミンドロ島との効率的な物流促進を図る（一期工事）。

長期計画＝マニラ港を補完する国際貿易港として、主要工業地区である南タガログ地域の地域経済開発に寄与する（二期工事）。

長期計画は、九〇年代はじめにマニラ首都圏の南に広がる五州（カビテ、ラグナ、バタンガス、リサール、ケソン）で大々的に進められた大規模開発計画「カラバルソン総合開発計画」の一環として位置づけられている。同計画には、工業団地、高速道路、鉄道などの建設と合わせてバタンガス港拡張による国際貿易港設置工事が盛り込まれた。その根底には、「工業化が経済成長の唯一無二の手段であり、経済成長こそが人類を幸福にする。だから、アメリカや日本のスタンダードに近づくことが大切だ」というおきまりの「グローバリゼーション」信仰がある。日本のＯＤＡは、この大規模開発計画の最大のスポンサーなのだ。

バタンガス港開発事業は四期に分けて計画が立てられており、そのうち一期・二期工事が日本の円借款（有償資金協力）で実施されることになっている。一四六七世帯の生活を奪った強制撤去の引き金となった一期工事は九九年三月に完了した。

投入された円借款は、一期工事では、エンジニアリング・サービス（Ｅ／Ｓ）一億九二〇〇万円（借款契約締結は八八年一月）と、本体工事五七億八八〇〇万円（九一年七月）の計五九億八〇〇〇万円。二期工事では、Ｅ／Ｓ八億七六〇〇万円（九七年三月）と、本体工事一四五億五五〇〇万円（九八年九月）の計一五四億三一〇〇万円が計上されている。

一期・二期工事合わせて総額二一四億一一〇〇万円。バタンガス港開発というたった一件の事業のために、日本政府に対するフィリピン人一人あたりの借金は、元金だけで約二九〇円、金利を加えるとおそらく四〇〇円を超えることになる。九八年の一人あたり国民総生産が一〇五〇ドル（約一一万円）というフィリピンでは、少なくない負担だ。

巨額の借り入れが地域経済の開発、振興にどのように寄与するか。『ＪＢＩＣ事後評価報告書』では、量的評価を下すには拡張工事完成後の時間が短すぎると断ったうえで、ミンドロ島を結ぶフェリー、高速旅客船、一般貨物船それぞれの専用埠頭が設置されたことで、効率と安全面が大幅に改善されたとの質的評価が記述されている。

経済効果の評価は、いずれ実施されるであろう。だが、かりにマクロの視点から高い評価を得たとしても、だからといって住民一人ひとりの犠牲を正当化できるわけではない。ここでは、強制撤去から八年が経過したいま、さらに深刻な苦悩を抱えている立ち退き住民の側に焦点を当てて考えていきたい。

一期工事着工の結果、生まれ育った土地を追われた一四六七世帯の住民たちは、大きく三つのグループに分かれた。強制撤去前の自主的移転に応じたグループ、強制撤去でやむなく政府の用意した土地に移転したグループ、そして仕事を失いかねない移転地を拒否して港近くの私有地に仮住まいを建て、あくまで自力でのコミュニティ再建をめざすグループ（自主再建グループ）だ。そのほか、個別にマニラ首都圏その他の地で新しい生活を求めた人びともいるが、彼らのその後についての調査はない。

三　土地を手に入れた自主再建グループ

立ち退きに強く反対していた約四〇〇世帯は、強制撤去前には「強制撤去反対住民連合」を組織していたが、撤去後は「オルタナティブな開発をめざす住民連合」と名称を変え、港の近くに新しい生活の場を創るという計画に向けていまなお困難な模索をつづけている。敬意を込めて、彼らを「自主再建グループ」と呼ぶことにする。

バレテとシコ、二カ所の政府移転地への移住を拒否した「自主再建グループ」は、九四年の強制撤去後、道路を隔てた私有地に緊急避難として仮住まいをはじめた。板切れを張り合わせて建てられた粗末な小屋が連なり、狭い路地が縫うようにつづく。奥に行けば、あたりに湿地帯が広がっているため、足下には年中水が溜まっている。不便で劣悪な住環境での仮住まいが、すでに八年におよぶ。しかし、すでに手に入れている三haの新天地が四〇〇世帯の気持ちを支えているのだ。

強制撤去時、移転への諾否にかかわらず、港湾局は家屋所有者に対して補償金二万ペソ（約八万円）、家屋所有者を含む全一四五八世帯（「移転対象者数は一四六七世帯であったが、九世帯は所在不明」『JBIC事後評価報告書』）に「迷惑料」と称して一万五〇〇〇ペソ（約六万円。上乗せ分を含む）を支払った。自主再建グループ約四〇〇世帯は、この補償金と「迷惑料」を出し合ってプールした約一二五〇万ペソ（約五〇〇〇万円）をもとに、自立の道を選んだ。単純平均すると、一世帯あたり一二万円あまり拠出したことになる。

さらに、バタンガス市と交渉して得た補助金七〇〇万ペソ（約二八〇〇万円）、日本のＮＧＯの横断的なネットワークとして組織された「バタンガス救援基金」が日本国内で募金集めをして得た四〇〇万円などをもとに、九六年、港近くの沼地に点在する私有地（通称プヨ）三haを一四〇〇万ペソ（約五

強制撤去でこの暮らしをはじめて８年になる

六〇〇万円）で共同購入し、土地の造成工事にかかった。[3] だが、もとが沼地であったため埋め立て造成に多額の費用を必要とし、二〇〇一年八月現在、およそ四分の三の整地が終わったまま、造成工事はいったん止まっている。

　こうした自主再建グループの自立に向けた行動への牽引役となったのが、九四年五月以来サンタクララ地区のバランガイ・キャプテン（「バランガイ」とはフィリピンの最小行政単位で、その地区長である「バランガイ・キャプテン」は住民の選挙で選ばれる）を務めるテルマ・マラナンさんだ。この地で生まれ育ったテルマさんは、バタンガス港開発工事による住民無視の強制撤去に強い憤りを覚えて反対運動をリードしてきた。九五年には来日して、日本のＯＤＡによる開発の理不尽を各地で訴えつづけ、国会議員にも支援の要請をした。

　また、住民立ち退きを求めて九三年に港湾局が提訴したのに対して、自主再建グループは「強制撤去は違法」として九四年に応訴する。港湾局を相手取って、土地、家屋の強制収用の不当性を訴えるとともに、破壊された家屋、財産の損害賠償請求訴訟を起こしたのだ。

九六年四月、バタンガス地方裁判所は、住民の訴えを認めて、総額六五〇〇万ペソの支払いを港湾局に命じた。これを不服とした港湾局はすぐに控訴して、「住民は違法占拠者だった」と主張。だが、二〇〇〇年九月の高等裁判所における控訴審でも地裁判決が支持された。高等裁判所は、「住民の多くは戦前からの居住者」だと認定し、「強制排除は住民の生活を侵害する不正行為であり、住民は受けた損害を賠償されなければならない」との判決を下したうえで、六五〇〇万ペソから補償金および迷惑料としてすでに支払い済みの三〇〇〇万ペソを差し引いた三五〇〇万ペソ（約一億四〇〇〇万円）の支払い命令を出したのである。(4) 日本のODAによる開発事業にともなう住居撤去作業が、被援助国の裁判所の一審、二審で不当だと判断され、住民の正当性が認められたことになる。

二〇〇〇年三月に発表された『JBIC事後評価報告書』は、九六年の一審判決を無視するかのように「共和国法七二七九号第二八項および同項の実施細則では、『家屋取り壊し』がより人道的に行われるべく、様々な条件が規定されているが、本住民移転は、これらを全て満たしている」と明記している。だが、六カ月後、二審は「港湾局は裁判所から取り壊し令を取っていなかった」「住民に対する立ち退き通告のなかで虚偽表現が使われた」などの指摘とともに港湾局の不当性を明らかにした。ずさんな失点と言うほかない。この過程において、行政と実施機関が「違法占拠者」などと住民に虚偽のレッテルを貼ることで、実情を知らない日本のマスコミや市民の間に「身勝手な住民」という誤ったイメージを植え付ける面も見られた。

二度に及ぶ敗訴のあと、港湾局はさらに上告する。その一方で、形勢不利と見て、上告を取り下げないままに、二〇〇一年五月、住民に対して高裁判決に添う内容の和解案を申し入れた。住民側はこれに応じて、代表のテルマさんが同意の署名をし、〇二年三月一一日、三九八世帯に対して総額三五〇〇万ペソが支払われた。ＯＤＡ事業にともなう家屋の強制撤去が過ちであったと、実施機関側が認めた瞬間だ。

自立を求めて悪戦苦闘してきた四〇〇家族に、ようやく具体的な希望が見えてきた。だが、整地を完了し、水道、電気を引き、家屋を建てて新たなコミュニティがスタートするまでには、さらに資金調達が必要となり、越えなければならないハードルはつづく。

港湾局の和解に加えて、融資を実行した日本政府からも、家屋建設までの仕上げ部分を無償資金協力で支援することを考慮するべきだ。自主再建グループの八年にわたる経済的・精神的苦痛への慰謝料として、あるいは、マクロ経済重視のＯＤＡから一人ひとりの住民を大切にするＯＤＡへの転換点ともなる画期的な新事例として、検討の余地はないのだろうか。担当部署のなわばり意識を捨て、有償資金協力と無償資金協力との組合せによる立ち退き住民の自立的生活再建を支援することは、評価されこそすれ、恥ずべきことなどないはずだ。

四　早急な対策が必要なリターニーたち

政府の用意した二カ所（港から約七km離れたバレテの約六・五haと約一五kmのシコ四・五ha）への移転を選択した家族は、九四年八月の時点で六三三世帯。(5) 六月の強制撤去を待たずに移転した者もいれば、撤去後に移転した者もいる。

彼ら移転組には、家屋を所有していた世帯にはバレテで五〇m²、シコで七〇m²の無償の土地と二万ペソの現金が、また家屋を所有していなかった世帯には無償のコアハウス（骨組みと外枠だけの家屋）と、やはり二万ペソが、提供された。これに加えて、すでに述べた一世帯あたり一万五〇〇〇ペソの「迷惑料」が支払われた。

「本支援内容は、共和国法七二七九号の規定（最低限の支援内容を定めたもの）を大きく上回るものであり、かつ当時フィリピンで他に例を見ない高額かつ包括的なものであった」(6)

だが、その年のうちに早くも港周辺に戻ってくる元住民が現れている。リターニーはその後も増えつづけ、アジア通貨・金融危機の波が襲った九七年以後急増する。最大の理由は、移転地が港や市街地から遠いため、就業が極端に困難であることだ。移転地の検討段階で生活基盤への配慮が欠けていたのだ。さらに、シコでは水道も電気も家屋内にはなく、多くのリターニーが水の確保に苦労したと訴えている。

移転地選定作業は、港湾局、バタンガス市、住宅局、バランガイ代表者で構成される委員会で検討された。だが、バレテとシコが選定された九一年当時、バランガイ代表者は移転対象住民ではなかった。住民参加の視点がまるっきり抜け落ちていたのだ。

流血の立ち退きから八年。いまでは、一度は移転した住民のおよそ二〇%にあたる一三〇世帯が港近くに舞い戻っている。漁師、物売り、船やバスの客引き、荷物運びなど、海と港に拠ったなりわいを長く営んできた人びとだから、海と港から離れることで生活再建が困難になることは予測していた。しかし、現実は予測をはるかに超える厳しさだった。

二〇〇一年八月、移転後に直面した過酷な生活の実態を訴えたいと、わたしの前に集まってきたリターニーは、男性、女性合わせておよそ四〇人。年齢層も、二〇代後半から六〇代までと幅が広い。

「九四年の立ち退きで、バレテへの移転に応じることにしたんだ。でも、もともとサンタクララでは漁師をしていたんだから、(海から遠い)バレテでは生活の糧を得る手段がなかったし、ほとんどの者が仕事を見つけることはできなかった。政府の役人のなかには漁師を見下す者もいて、おれたちをばかにしていた。それもあって元漁師の転職はむずかしかった。サンタクララに戻ってからだって、漁に出ようとすると、港湾局職員が銃を向けたり石を投げたりして妨害をした。港湾局や警察の人間たちは、漁師など肉体労働者のことを同じ人間とは見ていないんだ」

三〇歳の男性は、蔑視への憤りとともに辛い気持ちを語ってくれた。エリート意識の強い行政官が、教育や就業機会を十分に得ていない人びとを見下しながら立ち退き問題を処理する。住民の苦況をどこまで想像し、理解できるのか。この危惧は、何もフィリピンの役人に限らない。あとに述べるが、程度の差こそあれ、外務省やＪＢＩＣなど日本の行政および実施機関担当者にも、弱者を軽んじる傾向がある。

「サンタクララにいたころは、中身はたいしたことなかったけど、一日に三度の食事をちゃんと食べていました。シコでは収入がなくて、一度かせいぜい二度しか食事ができませんでした。移住前は兄弟姉妹と一緒に自由に魚を獲って売っていたので、移住後も港に通って同じ仕事をつづけていたんです。でも、だんだんと港に入ることを妨害されるようになり、サンタクララまでの交通費のやりくりも困難になりました。シコで何とか生活をつづけようとがんばってみましたが、生活に使う水も手に入りにくいし、仕事もない。シコでの暮らしに何の希望ももてなくなって、とうとう家を抵当にして得たお金で、サンタクララに戻ってきました。いま、お腹がぺこぺこで我慢できないほどです」

三一歳になる女性が、涙を浮かべながら訴える。今日の食事にも事欠くこの女性に、抵当に入れた家を取り戻す算段などない。事前に口をはさむことすら許されない開発計画に生活の基盤を根こそぎ奪われ、九四年以前には想像もしなかった明日への絶望だけが重くのしかかっている。

生活不安は治安の悪化を促す。二〇〇一年六月、元サンタクララ住民四人を巻き込む殺傷事件がバレテで発生し、事件への恐怖がさらに新たなリターニーを生み出している。

二〇〇二年四月に発表された「環境社会配慮確認のための国際協力銀行ガイドライン」には、「非自発的住民移転」として一四～一五ページで紹介した三項目が掲げてある。

だが、「実施主体者等」が「移転住民が以前の生活水準や収入機会、生産水準において改善または少なくとも回復できるように努め」てきたとはとうてい認めがたい現実が、目の前にある。

円借款は、援助を受ける国の政府が事業主体者なのだから、この場合「実施主体者」はフィリピン政府となる。しかし、実施主体者「等」となっていることからすれば、融資実行者であるＪＢＩＣ、その監督省庁である財務省、経済産業省、ＯＤＡ政策全般の担当省である外務省も含まれると考えるのが妥当だ。

円借款の実施機関であるＪＢＩＣが誇らしげに提示する、タテマエとしての新「ガイドライン」と現場との乖離は、あまりに大きい。「非自発的移転」をした住民の損失補償のための「実効性ある対策」を講じるだけでなく、ガイドラインそのものの「実効性」が講じられなければならない。ＪＢＩＣの担当者によれば、バレテ、シコ両移転地の住民の生活実態調査は『ＪＢＩＣ事後評価報告書』作成の際に一度実施しただけだという。住民への関心のありようの一面を物語っている。

移転住民の二〇％が放棄するような移転地を用意したフィリピン政府、そして、そのずさんな施策を容認した日本政府とＪＢＩＣの責任は大きい。ＯＤＡの実施によって仕事を失い、今日明日の食事すらままならない人びとに対する救済として、「損失補償、持続可能な代替生計手段等の支援」を一日も早く実行すべきだ。その実施の担い手としては、十分な施策を実行できなかった「実施主体者」ではなく、ＮＧＯに委ねる選択肢もある。

いま何も対策が講じられないなら、二期工事の開始とともに、一八〇世帯のリターニーはふたたび路頭に迷うことになる。

五　住民軽視の対応

二期工事では、四五〇ｍの岸壁を備えた広大なコンテナバース（コンテナを積み卸しする貨物船の停泊場所）を持つ国際貿易港の建設がおこなわれる。予算も、既存施設の拡張であった一期工事の二・五倍の規模に達する。本体工事一四五億五五〇〇万円の借款契約が結ばれたのは、九八年九月のことだ。

予定地の住民は一七三世帯だったが、九八年二月前後からバレテへの移転が進められ、約八〇世帯の移転が完了した。しかし、すでに約五〇世帯がリターニーとして港近くに戻っている。二〇〇一年一二月現在、なお一〇〇世帯弱が土地の売却に応じていないため、工事の着工は遅れに遅れていた。

そんな矢先、マニラ在住の日本人向け日刊紙『まにら新聞』(7)に「フィリピン港湾局（ＰＰＡ）は六日、来年一月にも第二期工事を再開すると発表した。地権者の大部分は依然売却を拒んでおり、裁判所命令に基づいて用地の強制収用に乗り出すもよう」という記事が掲載された。

一二月中旬、九四年の悪夢の再現を恐れた日本のＮＧＯメンバーはＪＢＩＣを訪ねたが、担当者の回答はつぎのようなものだった。

「着工期日は不透明で、決まってはいない。用地の収用に関しては、裁判所の許可を取得している

２期工事予定地の住民たちを不安が襲う

ので、強制収用もやむを得ないと考えている。ただし、土地収用と住民の立ち退きは明確に分けて取り扱い、住民の強制排除はしない方針」

だが、土地の強制収用は実施するが、住民排除はおこなわないというのは、非現実的なこじつけでしかない。

一期工事の住民移転で深刻な問題となった就業機会の喪失への対策については、つぎのような趣旨の説明があった。

「フィリピン政府が円借款の一部を使って、住民のための職業訓練プログラムの実施を計画中であり、二〇〇二年一月から三月にニーズ調査、四月から六月に職業訓練プログラム作成、七月から訓練開始と予定している。対象者は一期および二期工事の立ち退き住民、サンタクララの住民など約一〇〇〇名を想定している。訓練コースには、床屋、荷役、飲食店経営などが検討されている」

なぜ、いまになってニーズ調査なのか。そのための時間はたっぷりあったはずだ。

すでに、借款契約は九八年に結ばれ、その時点で、ＪＢＩＣの前身であるＯＥＣＦ業務部業務第三課担当者が職業訓練について語っている。

「一期工事の教訓を活かし、職業訓練プログラムを一つのコンポーネント（構成要素）としてＥ／Ｓに位置づけ、そのなかで住民の生計をまかなうことを計画しています。職業訓練では、二期工事予定地住民だけではなく、一期工事で移転した人も対象としています」

九八年九月三〇日、一期工事の惨事が二期工事で繰り返されることを危惧するＮＧＯメンバーに向かって、ＯＥＣＦのスタッフが明言した言葉は、三年後のＪＢＩＣ担当者の言葉と似通っている。同様の言葉が三年の時間を挟んで繰り返されたものの、事態は何も進展していない。

小舟で沿岸の魚を獲って日々を営む漁民たちの日銭暮らしを、実施機関の担当者はどれほど理解しているのだろうか。工事がはじまれば、その日から収入が途絶え、蓄えなどほとんどないに等しい人たちだ。着工前にニーズ調査、プログラム作成、訓練、そして就職の世話を終えていてはじめて、「持続可能な代替生計手段等の支援」が実現するのではないか。

六　住民の生活を最優先する開発へ

戦後賠償にはじまる対フィリピンへのＯＤＡの累計は、二〇〇〇年三月末現在、二兆三二七五億六〇〇〇万円に達し、このうち六九年の日比友好道路建設にはじまる有償資金協力は、総額の八二％にあたる一兆九一八二億四四〇〇万円におよぶ。また、フィリピン政府の抱える対外長期債務のおよそ四割が日本のODAによっているのだ。

これら巨額を投じた事業が、フィリピン政府の債務増加をどれだけ後押ししたかも明らかにされないまま、さらに累積債務を増やしつづける円借款。しかも、その事業によって多数の人びとが生活の場を奪われる。わたしたち市民の常識では、こうした事業を「援助」とは呼ばない。

ODAを中心テーマにした専門誌『国際開発ジャーナル』（国際開発ジャーナル社）二〇〇一年三月号に、「フィリピンの港から見る円借款援助の光と影――問題引きずるバタンガス港拡張工事」と題する藤田悟毎日新聞マニラ特派員による記事が掲載された。

「私たちにとっては、援助などないほうがよかった」という住民の声を紹介し、「忘れてならないのは、援助の本分はあくまで相手国の発展や国民の生活向上に資することであって、相手国の政府を喜ばせることではないということだ」と主張したうえで、つぎのようにまとめている。

「『日本の援助は迷惑だ』と憤り、『生活を破壊された』と涙を流す人々が今もいるということを、ODA関係者は心にとどめておいてほしい」

実は、この案件に関して、同誌九五年二月号には前記とまったく異なる内容の記事が掲載されている。

「住民移転問題で挫折した対フィリピン円借款」とタイトルのついた編集長署名記事は、事実関係において初歩的なミスを犯しているだけでなく、(一)住民のほとんどが「スクウォッター(不法居住者)」であり、その多くが「補償金稼ぎ」であると決めつけ、(二)海外のNGOが住民を煽っていると言わんばかりの記述をし、(三)この案件が順調に進まない原因は、多数の「スクウォッター」、住民の側に立つNGO、「安易な考え方」のフィリピン政府、港湾局の「怠慢」にあると断言している。その一方で、在マニラ日本大使館、外務省、ODA実施機関に不手際はないとの趣旨なのだ。思い込みに基づくお粗末な主張は、二九〜三〇ページでふれたように裁判所によって否定されただけでなく、六年後には自らの誤りを認めることになったわけだ。

一方、表面的には前進しているかに見えるJBIC、外務省の対応は、本質的にはいまも変わらない。『JBIC事後評価報告書』には、一期工事における苦い経験を経て、「本住民移転の教訓」として、つぎの四点がやや誇らしげに掲げてある。

(一)住民の多様性を踏まえた住民協議を

(二)移転対象者の確定は早めに行う

(三)移転地のインフラは早めに準備する

(四)生計向上プログラムの形成は住民参加型で

だが、すでに述べたように、九八年段階で明言した二期工事予定地住民の職業訓練プログラムについて、二〇〇二年になってようやくニーズ調査をはじめるという悠長さだ。また、「生活向上プログラムの形成は住民参加型で」と言うが、少なくとも二〇〇一年八月にインタビューをした二期工事予定地住民約二〇世帯は、「職業訓練プログラム」についてまったく知らされていなかった。とても、「住民参加」で進められているとは言えない。

二〇〇一年一一月に外務省経済協力局を訪問したNGOに対して、有償資金協力課の担当者は「あくまで一般論だが……」と前置きして、つぎの三点を語った。

(一)住民移転問題は、十分注意を払うべき点であると認識している。

(二)住民移転問題は、被援助国が扱うものである。

(三)住民と言ってもさまざまで、少数の反対者がいるからといって、すべてが問題とは言えない。少数意見を無視しろとは言わないが、そこだけで論じるわけにはいかない。

形式的な一般論が語られただけだ。こうした言葉を連ねる担当者の視線の先に、ODAで路頭に迷わされた人びとの姿は映ってはいないだろう。マクロ経済のみに目を奪われ、一人ひとりの生活を軽んじるODA実施態勢が、なお幅を利かせている。だが、そろそろ「住民の生活にも配慮した開発」から、「住民の生活を最優先する開発」へと価値の転換が図られてもいいのではないか。「開発のためには犠牲はやむを得ない」という安直な神話で南の側をグローバリゼーションの流れに巻き込むのは、もう終わりにしたい。港湾、ダム、道路、などの大規模開発は、いまや、立ち退きなど直接的犠牲をともなわなくても地球規模の批判を受けている時代なのだ。

一人ひとりが大切にされ、その生き方が尊重される時代を創り出すために、援助は何ができるのか。バタンガスで移転を押しつけられた人びとの生活を再建し、地域社会を守るための時間は、あまり残されていない。

(1) 諏訪勝『破壊——ニッポンのODA四〇年のツメ跡』青木書店、一九九六年。
(2)『円借款案件事後評価報告書二〇〇〇(全文版・第二巻)』国際協力銀行プロジェクト開発部、二〇〇〇年三月。
(3) 藤本伸樹「『カラバルソン開発計画』の一〇年」『月刊オルタ』アジア太平洋資料センター、二〇〇〇年七月号〜一〇月号。
(4)『毎日新聞』二〇〇〇年一〇月五日。
(5) 前掲(1)では、約四〇〇世帯。
(6) 前掲(2)。
(7)『まにら新聞』二〇〇一年一二月七日。

3 高速道路と立ち退き●インドネシア

福家 洋介

一 立ち退き住民はカタツムリ方式に学べ？

高速道路、高層ビル、高層住宅、ショッピングセンターなどを乗せたじゅうたんが、インドネシアの首都ジャカルタのカンポン（住宅密集地帯）の上に敷かれようとしている。大量の人びとが、じゅうたんに押しつぶされないように逃げ出している（漫画1）。

農村から都市へ流れ込んだ人びとが、今度は都市からも排除されはじめたことを、「敗れし人びと」というタイトルの漫画で知った。都市カンポンの住民のなかには、何度も職種を変えたり、居場所を変えたりする住民が増えてきた。彼らにとって、都市は住みにくい場所になってきたのだ。

二〇年以上にわたってジャカルタのカンポンを観察してきたリー・ジェリネック（フリーの開発コンサルタント、在メルボルン）は、「一九七〇年代後半まで、ジャカルタのカンポン住民にとって住む場所を確保することはむずかしくなかった。当時は土地を購入し、家を建てることは容易だった。三人に二人は家をもてた」という[1]。しかし、八〇年代に入ると、立ち退き問題が本格化してくる。ジャカルタの「開発」が本格化してきたのである。カンポンに家をもつことは、ぜいたくになった。そして

Orang-orang yang kalah.....

漫画1　敗れし人びと(『テンポ』誌、1987年10月10日号)

多くの人びとが借家生活を強いられ、都市にも農村にも落ち着ける場所をもたない生活を送らなければならなかった。

　それでも、都市に流入しようとしている出稼ぎ農民もいる。別の漫画では、彼らは「わしは都市へ行きたい。百姓をやるのは疲れた。農地はあれやこれやのプロジェクトのために取り上げられた」と反論する。[2] 農村にも、「開発」は容赦なく押し寄せている。

　九六年の聞き取り調査で会ったあるカンポン住民は、出稼ぎ農民が農村に帰って、再びジャカルタのカンポンに戻ってくるときに二〜三人の出稼ぎ仲間を連れてくるという。現在もこの状況はつづいている。スティヨソ現ジャカルタ特別区知事は、カンポン住民が断食明け祭（イスラム教のお正月）の休暇を農村で過ごしたあと、ジャカルタに戻ってくるときに仲間を同伴しないよう呼びかけている。彼らが村から戻ってくるたびにジャカルタの人口は二五万人ずつ増加していったという。[3]

　九〇年代に入ると、ジャカルタの「開発」はさらに加速した。立ち退きがあちこちで「ブーム」のように起きていた。日

漫画2 「立ち退き防止のために、おいらのように家と身体の一体型にしたら！」
（『コンパス』紙、1993年8月28日）

漫画3 「父さん、悲しまないで。ぼくの成績が上がるように祈ってよ。そうすれば知事になって70億ルピアの公館を建ててあげるよ」
（『コンパス』紙、1995年11月11日）

刊紙『コンパス』に「パシコムおじさん」を連載しているスダルタ氏は、反・立ち退きマニュアルを登場させた（漫画2）。「家とヒトが分離しているから、簡単に家を取り壊されることになる。だから、家と身体が合体しているカタツムリ方式に学ぶべきだ」という。しかし、ヒトがカタツムリに変身することは、いくらカンポン住民に適応力があるといっても無理な注文だ。カタツムリになれなかったパシコムおじさんも、ついに立ち退きを余儀なくされた。パシコムおじさんは、とぼけた息子から「知事になって七〇億ルピアの公館を建ててあげる」と慰められている（漫画3）。

人びとは生きるために農村から都市へ、そして都市のカンポンを渡り歩きながら、ついに都市からも排除されている。ジャカルタの「開発」とこれにともなう立ち退き問題を、とくに九〇年代半ばの高速道路建設当時と現在の状況に注目しながら紹介したい。

二　さまざまな立ち退き

漫画1がテンポ誌に掲載された一九八七年、ウィヨゴ・アトモダルミント元駐日大使がジャカルタ特別区知事に就任する（ジャカルタ特別区は五区から成り、区は市に相当する行政単位）。彼は、ジャカルタを国際都市として恥ずかしくないようにするために、住宅問題、ごみ問題、そして都市交通システムの整備を公約した。彼は渡辺美智雄（元外相、故人）と親しく、公約は渡辺を通じて日本のＯＤＡのバックアップがすでに約束されていた(4)。

そのころ、ジャカルタの「開発」が加速しはじめた。なかでも都市交通システムの整備、とくに高速道路建設は七〇年代後半から動きはじめていた。これはあとで述べるように、日本車の急増と強い関係がありそうである。

リー・ジェリネックによれば、九〇年代にジャカルタのカンポンに住む二〇〇〜三〇〇万人が、「開発」によって住居の取り壊しに直面したという。[5] 彼女はまた、九五年からの一〇年間で約二五〇万人がジャカルタから排除されるだろうとも推測している。じつに四世帯のうち一世帯が立ち退きを余儀なくされ、その喪失面積は四四〇〇ha（ジャカルタ特別区総面積の七％）にも達する。[6]

ジャカルタのNGO、社会変革のための戦略的イニシアティブ開発研究所（LPIST）は、九四年八月から九六年六月にかけての約二年間、ジャカルタ各地で起きた立ち退きを新聞記事からその形態別に整理している。

これによると、立ち退きに関する記事は九八件を数えた。このうち力ずくで住民を立ち退かせるケースが三四件と、全体の三五％を占めていた。住民の立ち退きに対する抵抗が強かったことを想像させる。その内訳は、脅迫・テロによる土地収用（一〇件）、ブルドーザーによる取り壊し（九件）、杭を打ち込んで土地を囲い込む（八件）、火災（放火の疑いが強い）による土地収用（五件）、強制追い立て（二件）である。さらに、こうした露骨な手段は確認できなかったが、結果的に取り壊しによる土地収用（二四件）を加えると、全体の六割弱にも達していた。

これに補償金のない立ち退き（一五件）を加えると、全体の七割を超えるケースが補償金をもらっていない立ち退きであった。補償金をともなった立ち退き（六件）は、全体の一割にも満たなかった。しかも、このうち五件は十分な補償金をもらっていなかった。漫画に描かれている立ち退き住民は、パシコムおじさんを含めて補償金を受け取った様子は見えない。

反対に、立ち退きに際して法的な判断にもとづいた土地収用は、とても少ない。約束不履行（四件）、土地所有証明書の無効（二件）、土地所有権の移行（二件）、土地所有権の執行（一件）、土地利用権の取り消し（一件）の一〇件である。そして、法的な判断にもとづいたものかどうかは確認できないが、一方の当事者の要求（九件）、その他（一件）を加えても、全体の二割を占めるにすぎなかった。

この九八件は、約二年間の記録でしかない。しかも、新聞紙上に現れなかった、より「まともな」立ち退きも多くあったかもしれない。また、新聞に掲載されても立ち退き住民数や収用された土地面積などが不明なケースも多かった。九八件のうち、どちらか一方の数字が明らかだったのは四二件、約四割でしかなかった。この四二件でさえ、立ち退き住民数の合計は約五万八〇〇〇人（一世帯五名で計算）、収用された土地面積は二〇〇haを超えた。かりにこの期間の立ち退き件数を九八件に限ったとしても、立ち退き住民数、土地収用面積はこの数倍に達すると考えて間違いないだろう。

三　道路と車とODA

ここで、立ち退きの原因をつくった道路と車とODAの関係を見ておこう。

表1・2は、インドネシア全域にわたる道路関連プロジェクトへの有償資金協力（以下、円借款）を地域別、年度別にまとめたものである。九七年度末までにジャカルタとその周辺地域には約八四五億円が、その他の地域には約二一一〇億円が供与されていた。同年度末までにインドネシアに供与された円借款の累計は約三兆円だから、道路関連円借款額はその約一割を占めている。

その先駆けは、七〇年から七二年かけて石油輸出に関わるバリクパパン-サマリンダ道路への一五億五九〇〇万円の円借款供与であった。中心は、スマトラやスラウェシ、カリマンタンなど外島（ジャワ島を除くインドネシアの島じま）からの資源輸出に関わる一般道路関連である。

ヒトやモノを詰め込んだ車が道路を忙しく走りはじめた。七五年から八〇年にかけて、ジャカルタ特別区を除くジャワ島、外島で乗用車（ジープ、セダン、ピック・アップ、バン）、バス、トラックの登録台数は二倍以上の急増を記録している（表3参照）。しかし、当時の道路状況はよくない。座席に座って揺れに対する警戒を怠ると、頭を強く天井にぶつけることは珍しくなかった。車の急増が道路状況をさらに悪化させたが、人びとは揺れを我慢しながら、頻繁にジャカルタなどの都市と農村を往来するようになった。

表1　ジャカルタ特別区と周辺地域向け道路関連円借款プロジェクト

年度	プロジェクト名	金額（億円）
1974	ジャカルタ–メラク道路（E/S）	2.12
1975	ジャカルタ–メラク道路	125.14
1978	ジャカルタ有料高速道路（E/S）	4.62*
	ジャカルタ特別区内高速道路（E/S）	5.48
	同区内高速道路（取付部分及び立体交差）	30.21
1979	同区内高速道路立体交差	45.00**
1980	同区内高速道路	18.00
1981	同区内高速道路南北リンク（E/S）	8.80
	ジャゴラウィ道路延長	39.82
1982	ジャカルタ湾岸道路（E/S）	12.10
1983	トマン高架橋及びインターチェンジ建設	72.01
	スリピ高架橋建設	56.58
1984	チャワン高架橋建設	47.00
1985	ジャカルタ区内高速道路	34.18
	ジャカルタ外環状線（E/S）	9.39
1986	スマンギ・タマン・リア・スナヤン高架橋建設	51.57
	ジャカルタ–メラク有料道路(E/S)	20.57
	ローカルコスト融資***	27.63
1994	南西アーク北伸部建設事業	109.02
1997	都市内幹線道路改良事業	125.58
合　計		844.82

(注)＊　通商産業省編『経済協力の現状と問題点』（1987年版）によると、4.62億円は1969～1972年に供与された円借款の未使用残高を充当したもの。

＊＊　上記『経済協力の現状と問題点』では、39.12億円となっているが、ここでは外務省経済協力局編『我が国の政府開発援助(ODA白書)』の45億円を採用した。

＊＊＊　インドネシア政府の開発予算削減にともない、プロジェクトに必要なローカル・コスト不足を補うための融資。内訳＝ジャカルタ特別区内高速道路3.02億円、ジャゴラウィ道路延長事業（ジャカルタ・インターチェンジ）7.87億円、ジャカルタ湾岸道路（E/S）0.90億円、トマン高架橋建設5.52億円、スリピ高架橋建設6.23億円、チャワン高架橋建設4.09億円（なお、他年度のローカル・コスト融資のなかにも道路関連が含まれるかもしれないので、表の合計額は膨れる可能性がある）。

（出典）　通商産業省編『経済協力の現状と問題点』（各年版）、外務省経済協力局編『我が国の政府開発援助（ODA白書）』（各年版）より作成。

表 2　表 1 を除く全国向け道路関連円借款プロジェクト

年度	プロジェクト名	金　額（億円）
1970	バリクパパン–サマリンダ道路	3.06
	北スマトラ・中ジャワ道路改修	7.92
1971	バリクパパン–サマリンダ道路	9.94
	北スマトラ・中ジャワ道路改修	7.20
1972	バリクパパン–サマリンダ道路	2.59
	北スラウェシ道路修復	6.85
	ランポン州道路・フェリーボート	4.65
1973	ランポン州道路・フェリーボート	0.80
	スマトラ道路修復	3.18
	北スラウェシ道路修復	4.30
1974	スマトラ道路修復	36.27
	北スラウェシ道路修復	4.93
	ランポン州道路・フェリーボート	23.83
1975	ランポン州道路・フェリーボート	94.87
1976	中・東ジャワ道路改修（E/S）**	2.26
	ムアラブンゴ(ジャンビ州)–ルブクリンゴ(南スマトラ州)道路改修	142.20
1977	ジャンビ–ムアラブンゴ道路修復	44.80
1979	中・東ジャワ道路改修	36.00
	地方道路維持事業（Ⅰ）	49.94*
1986	南スマトラ道路修復	54.58
1987	地方道路維持事業（Ⅱ）	128.82
1988	道路網修復（Ⅰ）	295.38
1989	道路網修復（Ⅱ）	210.40
1990	地方及び都市道路改良事業	167.72
1991	道路維持整備事業（Ⅰ）	40.43
	幹線道路整備事業（Ⅰ）	119.92
1993	道路網修復（Ⅲ）	203.02
1996	幹線道路整備事業（Ⅱ）	102.40
	道路維持整備事業（Ⅱ）	73.00
	地方道路維持事業（Ⅲ）	162.56
1997	スマトラ東海岸道路建設事業	66.52
合　計		2110.34

（注）＊通商産業省編『経済協力の現状と問題点』（1987 年版）では 49 億円となっているが、ここでは『我が国の政府開発援助（ODA 白書）』の 49.94 億円を採用。

＊＊E/S は、エンジンアリング・サービス。

（出典）表 1 に同じ。

表3　地域別の乗用車、バス、トラック登録台数

（単位：1000台）

	①ジャカルタ特別区			②西・中・東ジャワ州*		
	乗用車	バス・トラック	小計	乗用車	バス・トラック	小計
1975	153	55	208	138	95	233
1980	221	105	326	280	245	525
1985	340	249	589	417	422	839
1990	486	357	843	450	665	1115
1995	850	630	1480	736	708	1444
1999	1125	692	1817	1028	892	1920

	③外　島			全国（①+②+③）		
	乗用車	バス・トラック	小計	乗用車	バス・トラック	小計
1975	92	82	174	383	232	615
1980	138	210	348	639	560	1199
1985	234	402	636	991	1073	2064
1990	377	471	848	1313	1493	2806
1995	521	687	1208	2107	2025	4132
1999	866	793	1659**	3019	2377	5396**

（注）＊ジョクジャカルタ特別区を含む。
＊＊東ティモールをのぞく。
（出典）BPS, *Statistik Indonesia*（各年版）より作成。

このような人びとの移動を支えたのが、ホンダやコルト（三菱）に代表される日本車である。[7] 八〇年代に入ると、七〇年代にインドネシアに進出した日本の自動車メーカーの合弁企業の生産が本格化してくる。その結果、国内生産台数が輸入を上回るようになる（表4参照）。

わたしが八〇年代前半の二年間を過ごした西ジャワ州スメダン県でも、ホンダやコルトなどの日本車の活躍はすさまじかった。おかげで、道路はあちこちで大きな穴を開け、雨期になると穴はさらに拡大し、大きな水溜まりをつくっていた。道路修復のためのアス

表4　乗用車、バス、トラック国内生産・輸入台数

（単位：1000台）

年	国内生産			輸入		
	乗用車	バス・トラック	小計	乗用車	バス・トラック	小計
1975	—	—	79	—	—	80
1980	135	38	173	39	140	179
1985	126	18	144	28	56	84
1990	226	45	271	64	3	67
1995	321	66	387	—	—	21
1999	77	12	89	—	—	4

（注）—は不明。
（出典）表3に同じ。

ファルトは薄くしか張られず（多くはどこかに売り飛ばされた）、すぐにもとのでこぼこ道になった。そしてまたアスファルトを張るということを繰り返していた。インドネシア語でアスファルトはアスパル（Aspal）というが、人びとは「アスリ・タピ・パルス“Asri tapi Palsu”（本物だが、使い方がインチキだ）」の短縮語 Aspal だと、ひどい道路状況を表現していた。

ジャカルタを除くジャワ島や外島で道路が本格的に改善されるのは、八〇年代半ば以降である。八六年から九七年にかけて道路整備に約一六二五億円の円借款が使われた（表2）。各地区の軍や警察の「協力」を得ながら、幹線道路は急速にぶ厚いアスファルトによって覆われていく。おかげで、以前のように頭をぶつける心配はほとんどなくなった。八〇年代に入ると、自動車生産、とくに乗用車の生産は、石油収入の半減による「開発」の停滞時期を除けば、九七年の経済危機を迎えるまで高い成長をつづけた。道路の整備によって、車はさらに売れたのだ⑧。

表1から明らかなように、ジャカルタ特別区の道路整備は他

図　ジャカルタ特別区有料高速道路とODA

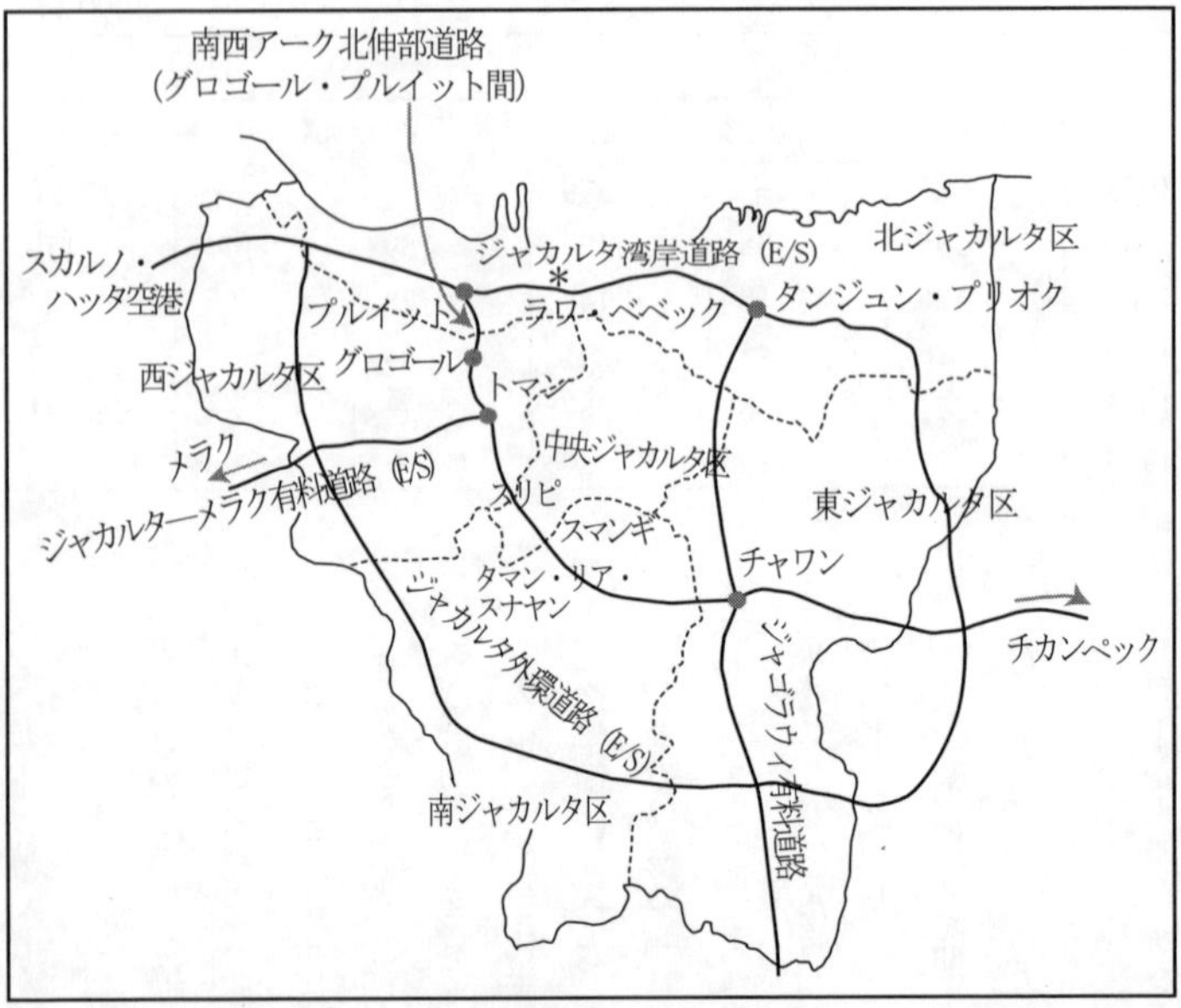

（注）＊1978〜81年にかけて供与された高速道路関連円借款プロジェクト（表1参照）は、その場所が特定されなかった。
＊＊調査地ラワ・ベベックを示す（56ページ参照）。
（出典）村井吉敬ほか『スハルト・ファミリーの蓄財』コモンズ、136ページ、図4-1、本書50ページの表1より作成。

地域と異なり、円借款による有料高速道路の建設がその中心だった。おそらく、ジャカルタの自動車密度が格段に高いからだろう。七五年のジャカルタの自動車登録台数は二〇万八〇〇〇台で、インドネシア全体の三四%を占めていた。ジャカルタ特別区の面積はインドネシア全体の〇・〇三%(約六六〇㎢)、ジャワ島だけでも七%弱にすぎず、自動車の密度はジャワ島、とりわけジャカルタ特別区が高くなっていることがわかる。九九年には、ジャカルタの登録台数は、約九倍の一八一万七〇〇〇台に膨れ上った（表3参照）。

しかし、国内の自動車生産は拡大しているのだから、高速道路を作れば超過密状態が解消されるわけではない。日本でも同じだ。高速道路建設は七〇年代後半からはじまっている。ODAは、ジャカルタを東西南北に走る高速道路のデザインと、インターチェンジや高架橋などの重要な箇所に投入された（五四ページの図参照）。

七八年には、ジャカルタ区内有料高速道路建設のエンジニアリング・サービス（E／S）に一〇・一億円の円借款が供与された。E／Sは、プロジェクトの実施計画、詳細設計、コスト見積りなどの費用に使われる。同様のE／S借款は、八一年同区内高速道路（南北リンク）、八二年ジャカルタ湾岸道路、八五年ジャカルタ外環状線、八六年ジャカルタ―メラク有料道路とつづく。さらにトマン、スリピ、チャワン、スマンギなどの高架橋やインターチェンジの建設に円借款が供与された。

八七年から九三年にかけて、ODAは高速道路建設に供与されていないが、建設が中断したわけではない。八七年以降は、あとで述べるように民間企業が高速道路の建設・管理・運営までを請け負うようになり、高速道路建設はより活発になっていった。車は道路を整備すれば売れたが、ジャカルタの高速道路整備によるうま味は、自動車メーカー以上に、道路運営・管理者が巨額の通行料金収入を長期間にわたって確保できるところにあるのだろう(9)。

スハルト・ファミリーがここに目をつけたのはさすがである。しかしそのモデルは、日本なのである。

四 消えたカンポン

一九五〇年代、農村からジャカルタ特別区に流入してきた人びとが住み着いた所は、その多くが未利用地（国有地）であった。彼らは、区当局の許可を得て、沼地のなかの高台に家を建てたという。この許可とは、土地利用権のことである。五〇年代以降、急速に膨れ上ったカンポンは、この未利用地のうえに形成された。区当局はこの土地を利用して、交通停滞を解消する高速道路整備をはかろうと考えた。

北ジャカルタ区プンジャリンガン郡のラワ・ベベック（五四ページの図を参照）は、四〇年以上の歴史を刻んだカンポンだった。この地域は、華人とともに、縫製の下請けで働く労働者、クブメン（中ジャワ）出身の衣料商、ミ・バソ（ラーメン）売り、水売りなどが多く住み着いていた。だが、ジャカルタ湾岸道路の建設によって第一〇、一一、一三、一四、一五集落の一部あるいはすべてが取り壊しの対象になり、一〇〇〇から一五〇〇世帯に下宿人数まで含めると、一万人が立ち退きを迫られる。

湾岸道路建設のために住宅が取り壊しになることを住民が知ったのは、九三年八月のことだった。九四年に入ってから、数回の話合いが北ジャカルタ区と住民代表の間でもたれた。各隣組から二名の代表が参加した。数回の話合いがもたれたあと、一㎡あたり五万ルピア（約二五〇〇円、九四年当時、一円＝二〇ルピア）という補償金が明らかにされる。しかし、住民たちはこれに同意せず、一〇万ルピアに値上げされた。

補償金を受け取るためには、土地所有証明書、家屋建設許可書を取得しているか、土地・家屋税を支払っていなければならない。区長が発行する家屋建設許可書を所持している住民は多くなかった。大部分の住民は土地・家屋税を支払っていたが、もっとも高額な補償金を手にする条件は、土地所有証明書を持っていることである。もともと未利用の国有地に住みはじめたのだから、この証明書は手に入らないはずだが、数名の華人がこれを所有していたという。

家屋一㎡あたりの補償価格は、土地・家屋税を支払っていれば鉄筋家屋（五×五m）一五万ルピア、ブロック家屋で一〇万ルピア、非鉄筋家屋で八万ルピア、掘っ建て小屋（三×三m）で五万ルピアに設定された。井戸やトイレ、電気・水道などの設置費用も補償の対象になった。取り壊しが実施されたのは、二年後の九五年八月である。

高速道路建設にともなう住民への補償の一部を、建設を受注した企業が支払うようになってから、これまでよりも「まとも」になったようである。受注企業は建設・管理・運営を一括して請け負い、立ち退き住民に対する補償も引き受けている。以前はジャカルタ特別区の予算から補償費用を支払うことになっていたが、途中で消えてしまうことが多かった。ラワ・ベベックのある住民は、開発業者が補償金を支払うから、以前よりはずっと良くなったと言っていた。住民の間に立ち退きに対する反対行動が見られなかったことは、補償が「まとも」になってきた証拠かもしれない。しかし一方で、受注企業は立ち退きに反対する住民を、ブルドーザーで強制的に追い立てる費用も引き受けている。

北ジャカルタ区のタンジュン・プリオクからジュンバタン・ティガまでの約一一・五kmは、ジャカルタ湾岸道路と呼ばれている（このうち、一〇・五kmは高架）。受注企業は、国営企業と民間企業が合同して設立したチトラ・マルガ・ヌサパラ・プルサダ社である。汚職・癒着・縁故主義（KKN）の権化のような企業である。スハルト元大統領の長女トゥトゥットが仕切り、全国の高速道路プロジェクトに介入する権利を有する超法規的存在である。

そして、主要な請負企業になっていたのは、トゥトゥットのヤラ・プルカサ・インターナショナル社と国営企業フタマ・カルヤ社の合同企業体ヤラ・フタマであった。現場で建設に従事していたのは韓国系企業であった。総投資額五〇〇〇億ルピア（約二五〇億円）で、トゥトゥットは三〇年にわたって有料道路の料金収入を得ることになった[10]。

歴史を刻んだ「顔」をもったカンポンは、「顔」のないコンクリート漬けの構造物に変わってしまった。

五　高速道路の下で生きる

「顔」のないコンクリート漬けの高架式高速道路の下に住みはじめる人びとも出てきた。ジャカルタに住む場所が限られてきたことも理由の一つだが、高速道路の下の空間を利用しているところは、スダルタ氏が漫画を使って提案していたカタツムリの生き方に近いのかもしれない。しかし、北ジャカルタ区当局は二〇〇一年になって湾岸道路を運営・管理するプルサダ社と協力して、タンジュン・プリオクとジュンバタン・ティガ間の高速道路の下にある建物を取り壊すことを明らかにした。その理由は、建設許可のない建物が無秩序に建ち、周辺地域の治安が悪化したためという[11]。

高速道路の下には、一一二八戸の住宅、三五五戸の掘っ建て小屋、三つの学校、三つの宗教施設が建設されていた。おそらく、一万人近い人びとが生活しているだろう。道路は九六年には完成していたから、この五年間に北ジャカルタ区に流入してきた人びとが建てたのだろう。取り壊したあとの空間は、公園や緑地や、プルサダ社の資材置き場に予定されている。

ラワ・ベベックの住民は、高速道路建設にともなう立ち退きで、幸い補償金を手にすることができた。今回のケースはどうだろうか。当局も企業も、補償金を払うかどうかまだ決めていないという。九四、五年当時は巨額の資金が回転していたが、立ち退き住民に支払われる補償金は微々たるものだった。今日のインドネシアの経済状況では、補償金はさらに小さくなることがあっても、大きくなるとは考えられない。

それどころか、補償金をゼロにしようとする動きが目立っている。たとえば、北ジャカルタ区のカンポンでは原因不明の火災が発生して、多くの住民が被害を受けている。二〇〇一年一〇月、プンジャリンガン郡の洪水防止運河に沿った住宅密集地で、七〇〇戸の住宅が焼失し、二八〇〇人が寝る場所を失った。このカンポン住民は、立ち退きを迫られていた。ラワ・ベベックの近くでも七月と九月に火事があり、五二三戸と二二〇戸の住宅が焼失している[12]。

被害者の一人は、「こうした火災が故意に起こされているとしたら、スハルト時代と変わらない」と語っている。三つの火災が起きたのは、いずれも湾岸道路に接した場所である。

少なくとも高速道路の下とその周辺地域は、ますます住みにくくなってきた。高速道路は、建設前も建設後も立ち退き住民を生み出す厄介な存在になっている。

（1） Lea Jellinek, Big Projects, little people, *INSIDE INDONESIA*, April–June 1977. また、同じ著者による一九七〇年代のジャカルタの都市カンポンを描いた *The Wheel of Fortune: the history of a poor community in Jakarta*, Allen and Unwin and ASAA: Sydney, 1991. さらに同年代の西ジャワ州都バンドンのカンポンと村の暮らしを描いた村井吉敬『スンダ生活誌——変動のインドネシア社会』（日本放送出版協会、一九七八年）は、当時の数少ない貴重な記録である。

（2） *Pikiran Rakyat*, 11 Mei, 1990.

（3） *Suara Pembaruan*, 16 Des., 2001.

（4） 詳しくは、拙稿「ごみ回収の近代化とＯＤＡ」（福家洋介・藤林泰編著『日本人の暮らしのためだったＯＤＡ』コモンズ、一九九九年）を参照。

（5） Lea Jellinek, Amid the ruin rise Jakarta's urban poor, *The Age*,3 Feb., 1998.

（6） Lea Jellinek, *A Bottom–Up of Involuntary Resettlement and Impoverishment Risks in Jakarta*（prepared for the Tenth INFID Conference on LAND AND DEVELOPMENT, 26–28 April 1996, Canberra）, p.1.

（7） この時期、インドネシア各地を席巻したホンダやコルト（三菱）のインドネシア社会への影響については、村井吉敬『小さな民からの発想——顔のない豊かさを問う』（時事通信社、一九八二年）の第三章「ベチャとコルト」に詳しい。一九七四年、田中角栄首相（当時）がジャカルタで「反日」暴動に迎えられたのは、日本車に代表される日本商品の急速な「進出」が大きな理由の一つであった。

（8）ジャカルタでは、とくに九〇年代に入って乗用車の登録台数が大きく伸びた。このバブル景気は九七年の経済危機までつづいたが、その後は生産も販売も急減した。一方、外島では輸出が好調で、乗用車の登録台数の伸びが見られた。

（9）村井吉敬ほか『スハルト・ファミリーの蓄財』コモンズ、一九九九年、一三五―一四三ページ。

（10）*KOMPAS*, 12 Sep., 1995.

（11）*Suara Pembaruan*, 11 Okt., 2001.

（12）*Suara Pembaruan*, 27 Okt., 2001.

4 「人権、環境のモデル」の実態●インドネシア

久保 康之

一 ダムの計画から融資、建設まで関与している日本

コトパンジャン・ダム[1]は、日本のODAによってインドネシア・スマトラ島中部に建設されたダムである。発電をおもな目的としたこのダムの建設にあたっては、その計画段階から建設段階まで、日本の企業、援助機関が深く関わっている。

ダム建設の計画を立案したのは、東京電力の関連会社の東電設計である。東電設計は、一九七九年九月および一一月に、カンパル川全流域について、プロジェクト・ファインディング（援助案件探し）をおこなった。当時、インドネシア国営電力公社（PLN）はカンパル・カナン川の支流であるマハット川にダム建設を考えていた。しかし調査の結果、東電設計は、建設地としてコトパンジャンも選定し、コトパンジャン地点（カンパル・カナン川）とマハット地点（マハット川）を段階的に開発するという二段階開発案を計画した。さらに東電設計は、八〇年八月にプレ・フィージビリティ調査（予備的な実施可能性調査）をおこない、コトパンジャン地点については、大規模に開発する一段階開発案が計画され、二段階開発案と比較することが提案された[2]。

東電設計はその後、JICA（国際協力事業団）の委託により、八二年から八四年までフィージビリティ調査（実施可能性調査）を実施し、開発規模は大きいが水没補償も多い一段階開発計画と、開発規模は小さいが水没補償は少ない二段階開発計画が比較された。その結果、一KWあたりの建設コストがより小さい一段階開発計画が経済的に有利との理由で採択された。ちなみに一段階開発計画での水没補償対象は、家屋二六四四戸、田畑八九八九ha、国道二五・三km、州道二七・二kmであるのに対し、二段階開発計画の場合は、家屋約三九〇戸、田畑約一八六〇ha、国道一六kmである。(3)

その後OECF（海外経済協力基金）は、詳細設計のためのエンジニアリング・サービス向けに一一億五二〇〇万円（八五年）、ダム本体および関連送電線の建設に関しては、第一期工事分として一二五億円（九〇年）、第二期工事分として一七五億二五〇〇万円（九一年）の借款契約をインドネシア政府と結んでいる。ダム本体の建設工事は、間組（ハザマ）と現地企業が受注した。

つまり、コトパンジャン・ダムは日本のコンサルタント会社が計画し、日本の政府開発援助機関がその調査費と建設費を供与・融資し、日本の建設会社によって造られたダムなのである。

二　守られなかった日本政府の融資条件

コトパンジャン・ダムの建設にともなって、一二四㎢もの地域が水没することになった。(4)そのため、水没予定地の一〇村（西スマトラ州二村、リアウ州八村）に住む四八八六世帯の住民に対する移転問

図　コトパンジャン・ダムサイトと移転地

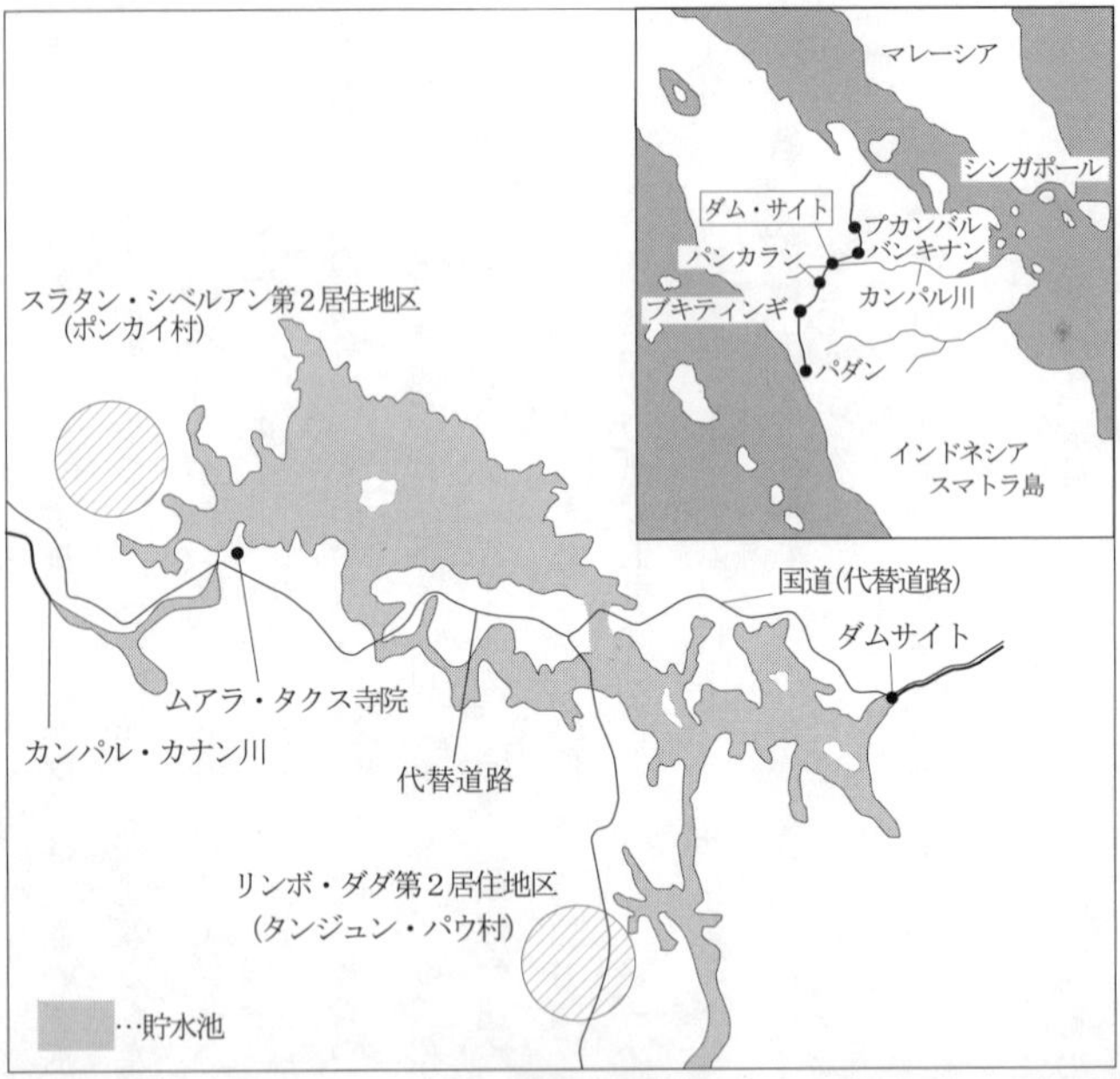

題など、環境へのさまざまな影響が予想された。

九〇年四月一六日の『日本経済新聞』には、ダム建設で生息地が水没するスマトラゾウの移転予定地が適切ではない、との記事が掲載されている。また同年八月には、鷲見《すみ》一夫横浜市立大学教授（現在、新潟大学教授）、堂本暁子参議院議員（現在、千葉県知事）などが現地調査をおこなった。その調査結果から、鷲見教授らは、（一）多数の住民が立ち退きを余儀なくされること、（二）水没地域には稀少動物であるスマトラゾウが生息すること、（三）水位上昇によりムアラ・タクス仏教遺跡[5]が影響を受けることなどを理由に、円借款の供与を見合わせるよ

う、日本政府に対して申し入れをおこなっている。(6)

こうした批判に加え、世界銀行と日本輸出入銀行の融資で建設されたクドゥン・オンボ・ダム（中部ジャワ州）の住民移転が、インドネシア国内でも問題になったため、(7)コトパンジャン・ダム建設に対し、日本政府は慎重な対応を余儀なくされた。その結果、日本政府は、第一期工事分一二五億円の借款契約（L／A）が締結された際（九〇年一二月）、住民やゾウの移転について条件をつけている。つまり、（一）事業対象地に生息するすべてのゾウを、適切な保護区に移転するようにしなければならない、（二）事業により影響を受ける世帯の生活水準は、移転以前と同等かそれ以上が確保されなければならない、（三）事業により影響を受ける世帯の移転合意は、公正かつ平等な手段を経て取りつけられなければならない、(8)というものであった。

しかしながら、移転合意にあたっては、さまざまな威嚇や不正行為がおこなわれた。そもそもリアウ州カンパル県が用意した移転合意書には、（一）補償金のみを受け取る、（二）補償金を受け取り、移転地に移住する、（三）補償金を受け取り、住民中核農園（プランテーションの一種）に移転する、という三つの選択肢のみで、移転を拒否できるという項目はなかった。住民らは、「移転同意書に署名し、三つの移転方式から一つを選ぶよう強制された。拒否すれば、補償は一切得られないとの脅迫を受けた」という。(9)

また、移転対象であるリアウ州八村の慣習法指導者らが署名させられた補償基準同意書（九一年四月）には、事前に住民の賛同を得ていたものとは異なる、非常に低い補償基準が記されていた。その

コトパンジャン・ダムのダムサイト
（撮影：木村英昭）

ため、住民から非難されるのを恐れた慣習法指導者らは、村に戻ってからも、しばらくはその補償基準を明らかにしようとはしなかった。

そこで住民代表はジャカルタのOECF事務所を訪問し、移転同意書は強制的に署名させられたものであり、まだ補償基準には同意していないとする声明文を提出した（九一年七月一九日）。そのなかで、決定や同意の際に脅迫や強制をしないこと、村の代表とだけではなく直接住民と交わすことを求めている。

九一年九月には、リアウ州の住民代表五人がジャカルタに赴き、国会や日本大使館などで訴えた[10]。さらに、その住民代表の一人と、支援するNGOのメンバー一人は来日し、自民党の林義郎、小杉隆両衆議院議員の立会いのもと、外務省、大蔵省、通産省、経済企画庁およびOECFの担当者が一堂に会した席で、移転問題が解決されないのであれば、ダム建設を見直すよう求めた（九月一九日）。

だが、外務省経済協力局有償資金協力課の石橋太郎課長（当時）は、「移転・補償は受益国のなすべきことで、インドネシア政府のやることを見守っていくしかない」[11]と述べ、この問題はあくまでインドネシアの内政問題であるとの主張を繰り返した。その後インドネシア政府側は、移転問題はすでに解決されたとし、九二年にはダム工事が着工された。

計画段階から問題点が指摘されていた住民移転は、どのように実施され、その結果どのような問題が生じたのか。本稿では、リアウ州の移転村と比べると、住民移転の問題がそれほど生じなかったとされる西スマトラ州タンジュン・パウ村の実情と、リアウ州で移転したなかでももっとも状況が厳しいと思われるポンカイ村を取り上げ、検証する。

三　木のないゴム園、飲めない井戸水——タンジュン・パウ村

タンジュン・パウ村は、西スマトラ州側の移転した二村のうちの一村である。村長を務めたシュクル・サレーさんによれば、住民がはじめて自分たちの村にダム建設の予定があることを知ったのは、援助案件探しから実に六年後の八五年ごろ、ダム計画を記した看板が建てられてからだという。移転計画が県から村に公式に伝えられたのは八八年になってからで、住民には村長から伝えられた。移転を余儀なくされることを知った住民は戸惑い、なかには信じようとしない者もいたという。その後、村では移転に関して話し合われ、地方政府や関係局も出席したタスリム・モスクでの会議（八九年九月）で、住民側は以下の九項目の条件を要請した。[12]

（一）移転地をリンボ・ダタにすること

（二）水没予定地域内および水没予定地域外⒀にある住民の財産に対して補償すること
（三）補償金は仲介業者を通さず、直接住民に支払われること
（四）教員養成学校を卒業した村の住民を小学校の教員に採用すること
（五）農園は移転の二年前には供与されること
（六）各世帯に対し、家屋を供与すること
（七）移転地には国道が通っていること
（八）学校、モスク、公共施設が供与されること
（九）共有地（タナ・ウラヤット）⒁を引き続き承認すること

この際、住民側は地方政府に対し、書面による約束を求めたが、政府側はその要求を聞き入れず、口頭での約束にとどまった。移転後の生活について不安を抱いていた住民に対し、西スマトラ州やリマプル・コタ県の地方政府、そして電力公社は、住民が移転に同意するよう、甘い言葉で誘惑した。「新しい場所に移れば、いまよりもよい生活ができる。いまはゴザの上で寝ているが、移転後はベッドで寝られるようになる」（リマプル・コタ県知事アジス・ハイリ）。「コトパンジャン水力発電所事業により、住民の生活はよりよくなり、電気設置工事費を支払うことなく各家庭で電気が使える。電気料金も一年間は無料である。作物、土地、建物など、住民が所有しているものはすべて補償される」（西スマトラ・リアウ発電・送電事業事務所所長シャフリル・アミル）。

住民は、こうした甘い言葉と同時に、移転に反対しないよう、治安当局から脅しも受けている。

「コトパンジャン水力発電所／ダム建設を拒否する者は、法に逆らうことになる。四五年憲法第三三条には、土地、水、およびそこに含まれているあらゆるものは国家の所有である、と明白に述べられている」（リマプル・コタ県警察署長）。

こうした地方政府による懐柔策と治安当局による圧力のもと、村の指導者たちは移転に同意した[15]。九一年四月一九日、郡庁所在地のパンカランで土地収用補償委員会の会合が開かれ、補償の対象やその基準価格などが決定された。だが、決定では、家屋に関しては村のすべてが対象となったが、土地および作物に関しては水没地域および「孤立した地域」に限定された。「孤立した地域」というのは、村内の水没しない地域のうち、以前は公共の交通機関で容易に行けたが、貯水池の造成による道路の水没などにより、公共の交通機関でのアクセスが困難になった水没地周辺地域、および学校やモスクなどの公共施設から非常に遠くなってしまった地域をさす。これは、村内の水没しない地域におけるすべての財産（家屋、土地、作物）の補償という住民側の要求とは異なるものであった。

リンボ・ダタ第二居住地区への移転は、九三年七月におこなわれた。リンボ・ダタとは、本来「平坦な森」を意味する。しかし、実際の移転地は起伏の激しい地域で、決して平坦ではなかった。これは、住民が希望していた本来のリンボ・ダタから、数㎞ずれて居住地区が造成された結果である。近くに川や岩水などの水源がなく、井戸を掘っても濁った水しか出ないため、住民は水不足に苦しむことになった。移転後、住民の生活にはどのような変化がおこったのであろうか。

外務省経済協力局が編集した『我が国の政府開発援助（上巻）』（九三年度版）には、コトパンジャン・ダム建設の住民移転や環境問題への対応についての記述がある。そこには、「基本的には事業実施国の責任で行なうことが原則である」としながらも「国際的な基準に沿ったＯＥＣＦの環境配慮のためのガイドライン[16]に従って、その対応をチェックしている」とし、「この事業に対する援助国としての責任を認識しながら、今後ともこの事業の成功に向け、適切な対応を行なって行く考えである」とある。さらに移転住民の所得対策として、「プランテーション作物の供与、作付け（二・〇ha分）」をおこなうと述べられている。

しかしながら、実際には「適切な対応」がなされたとは言いがたい。地方政府の移転住民に対する当初の約束では、一世帯あたり、〇・一haの住宅地、〇・四haの畑地、二haのゴム園が供与され、移転した際には、ゴムの木はすでに育っており、数年で収穫できる状態であるということだった。しかし、移転した際に与えられたのは、住宅地と畑地のみで、ゴムの木はまったくといっていいほど育っていなかった。このゴム園の造成事業については、西スマトラ州知事（当時）の息子の企業が請負ったが、ゴムの苗木が植えられているのは道路沿いの一部だけで、奥の大部分は苗木が植えられてすらいなかった。

その後、ゴム園の再整備が実施されたが、二〇〇一年に筆者が訪れた時点で、状況はほとんど改善されていない。当初計画されていたゴム園からの収入がないため、住民は経済基盤を確立できていない。そのため多くの住民の生活水準は、移転前よりも低下している。移転前は自分の所有するゴム園からの収入で生計を立てていたが、移転後は他人の畑で農業労働者として働かざるを得なくなった者

国道沿いで岩を砕くマルティニさん（撮影：木村英昭）

もいる。現地では、岩を砕いて土木工事用に売る者も見かけた。なかには女性の姿もあった。現金収入を得るためのこのような状況は、以前の村では見られず、住民の置かれている状況がいかに厳しいかを示している。

マルティニさん（四三歳）はそうした女性の一人だ。ほかに仕事がないため、午前八時から午後四時ごろまで国道沿いの岩を砕いて、買い付けにくるトラックに売るという生活が、ここ一年ほど続いている。夫と二人で働いて一日に集められる岩の売値は、多くて二万五〇〇〇ルピア（三二一・五円）程度。その岩もいつ売れるかわからない。移転する前は自分のゴム園があり、仕事も午前中で終わっていた。二一歳になる長男は、高校の成績が優秀だったにもかかわらず、学費がつづかなかったために大学進学はできなかった。いまは、パヤクンブの町でジャム（インドネシアの伝統的な漢方薬）売りをしている。「移転せず、ゴム園からの収入があれば、いまごろ息子を大学に通わせることができたのに」とマルティニさんは悔やむ。

一方、補償金についても、問題はまだ解決していない。九一年四月の土地収用補償委員会の決定では、貯水池の造成により分断された「孤立した地域」の住民の財産は補償することが記されていたが、実際には、補償は完了していない。そのため、タンジュン・パウ村の六七世帯は、未払いの補償を求めて、現在裁判をおこなっている。

再定住地における飲料水不足の問題も、深刻である。移転直後、井戸に水があると住民はよろこんだが、実は雨水が溜まっていただけで、雨が降らなければすぐに涸れてしまうものだった。その後水問題解決のため、州政府の資金で水道が引かれたが、水源地が土砂で埋まってしまい、まったく機能しなかった。また、ＯＥＣＦの資金で村内一三カ所に井戸、洗濯場、トイレが造られたが、井戸の水がひどく濁っているため、飲料水としては利用できない。

このように水道設備や井戸の造成事業が失敗した原因の一つは、事業を請け負った業者が住民の意見を聞かず、一方的に工事を進めたことが挙げられる。その結果、住民は、乾季にはポリタンクに入った水を買わざるを得なくなった。移転前は家のすぐ近くに湧き水があった彼らは、水を買うなどとはまったく想像もしなかったであろう。

このほか、慣習法に基づく共有地が失われ、移転問題に対処できなかったために慣習法指導者に敬意が払われなくなり、これまでの社会関係が失われるといった問題も生じている。

四　就業機会なく、屋根はアスベスト――ポンカイ村

旧ポンカイ村は、移転させせられたリアウ州八村のうちの一村である。ほかの七村が村ごと移転したのに対し、この村は、現在のポンカイ村（スラタン・シベルアン第二居住地区）、ポンカイ・イスティコマ村（旧ポンカイ村の水没しない地区に移転。政府による援助はない）、マヤン・ポンカイ村（プカンバル近郊にあるアブラヤシの住民中核農園）と、三カ所に分かれて移転した。スラタン・シベルアン地区への移転は、九六年二月に実施されている。同地区は、貯水池周辺に造成された再定住地のなかではもっとも奥に位置しており、西スマトラ州とリアウ州を結ぶ国道まで、車で一時間以上かかる。

タンジュン・パウ村と同様、この村でも水とゴム園の問題は解決されていない。水道施設については、貯水タンクやパイプは村内に見られるが、まったく機能していない。シャフルル・ゼイン村長によれば、移転当初から機能していない。その原因は、装置が故障したまま放置されており、またその燃料もないためだという。さらに、水源地にある取水口が土砂で埋まってしまったのだそうだ。二世帯に一個与えられた井戸（深さ二〜二・五m）も、乾季には水がなくなるという。

ゴム園については、当初の約束では、植えられてから三年ほどたったゴム園（一世帯あたり二ha）が与えられるはずであったが、実際には育っていなかった。そのため住民は、九九年の総選挙直前にリアウ州知事庁舎でデモをおこない、ゴム園の早期整備を求めたという。そのかいもあり、整備事業が

ようやくはじまった。しかし、ゴムの苗の植えつけや手入れは自分たちでしなければならず、二haにつき五〇万ルピアが州政府から支給されるものの十分ではなく、その支払いも順調ではないという。苗木は最近植えられたばかりで、収穫までに少なくともまだ五、六年はかかる。

一方、村内の畑はイノシシによる害がひどく、あらたに苗を植える資金もないため、野菜の生産は多くない。収穫があったとしても、貯水池周辺の一番奥に位置するこの地区は、交通の便が悪く、村の外に売りに行くのはむずかしい。就業機会は村内にはほとんどないため、多くの住民が近隣の村へ働きに行かなければならない状況である。

しかし、近接の村の民間企業が経営しているアブラヤシ農園での労働は、日当わずか五〇〇〇ルピア（六二・五円）にしかならない。隣村の住民が所有しているゴム園でゴムの樹液採取の仕事をした場合でも、農園所有者と収穫を分け合うため、収入は多くて一日一万ルピアである。ガンビル園でガンビルの加工作業（葉を煮詰めて抽出したものを筒で型を取り、乾かす。嗜好品や皮のなめしなどに利用される）に従事した場合は、かなりの重労働であるにもかかわらず、収入は一日一万五〇〇〇ルピアほどである。しかも、こうした仕事が毎日あるとは限らない。多くの住民は十分な収入が得られず、主食の米の代わりにキャッサバやバナナを食べているという。

このほか、ポンカイ村では家屋の問題が深刻である。移転地は移住局によって造成されたが、用意された家屋の屋根は、アスベスト（石綿。呼吸器障害・肺ガンなどの原因になる）が使用されていた。住民自身、アスベストが健康によくないことは認識しており、影響が懸念される。村長は、「これでは、屋根を伝って流れる雨水を飲料水として利用できない」と嘆いていた。また、移住局が用意した二〇〇戸の家屋のうち、川の近くに建てられた三二戸は、雨が降ると浸水するため、結局それらの家を放棄し、あらたに自分で家を建てなければならなかったという。結婚などで村の世帯数は増えているが、世帯分けしてあらたに家を建てるほどの余裕はどの世帯にもない。

公共施設については、小学校やモスクなどはあるが、村役場、保健所、サッカー場などはない。修理が必要な道路や橋に対して、政府からの支援はないため、修理は住民の奉仕作業（ゴトン・ロヨン）でおこなっている。電気代は、当初の約束では一年間無料ということだったが、実際には有料だ。また、各家庭に電線を引くためには五〇万ルピア支払わなければならない。電線は、九九年の総選挙の際に建設を求めるデモをしてから、ようやく村まで引かれるようになったという。

さらに、旧ポンカイ村の四五九世帯のうち一六三世帯に対する補償金の支払いが、まだ終わっていないという。

五　問われる日本の企業、援助機関の責任

住民代表がコトパンジャン・ダムの移転問題を日本政府に訴えにきてから一〇年後の二〇〇一年七月、西スマトラ州から三名が来日した。タンジュン・パウ村のマスルル・サリム村長（当時）、これまで住民を支援してきたNGOであるタラタック協会のアルメン・ムハマッド代表、そしてブキティ

ンギ法律擁護事務所代表のアデル・ユシルマン弁護士である。

三人は、JBIC（国際協力銀行）や外務省を訪問し、問題の解決を求めた。そして、東京、名古屋、大阪、神戸、徳島（木頭村）、沖縄の集会で、日本の市民に住民移転の現状を報告した。のべ一〇〇〇人近くが参加したこれらの集会で彼らが訴えたのは、単に未払いの補償金の解決という問題だけではない。日本のODAのプロジェクトで破壊された移転前の生活を取り戻すことであり、現在の移転地でそれが不可能ならダムを撤去してもとの村に戻るという要求も含まれていた。

三人の帰国後、西スマトラ二村の住民が中心となって、「コトパンジャン・ダム被害者住民協議会」が現地で結成された(二〇〇一年一一月七日)。同協議会は、移転問題解決のため、日本政府、JBIC、東電設計などに対して、日本で裁判をおこなう準備も進めている。同時に、日本でも「コトパンジャン・ダム被害者住民を支援する会」が結成され、裁判に向けての支援活動をはじめている。[17]

日本政府やJBICは、これまでダム建設などの大規模開発による住民移転の問題に対し、あくまで相手国政府の国内問題であると主張し、その責任を取ろうとはしてこなかった。しかし、もし今回この裁判が実現すれば、住民移転を含めた環境に対する配慮の確認を怠った日本側の責任が、日本のODA史上はじめて法廷で問われることになる。

こうした問題解決を求める住民の声と、彼らを支援する地元や日本のNGO、研究者の批判の高まりを受けて、インドネシア政府やJBICも、ようやく問題解決に向けて取り組みはじめた。

西スマトラ州の地元紙『ハルアン』(二〇〇一年八月二五日)によれば、国家開発企画庁は西スマトラ州に対し、移転を余儀なくされた二村の再定住区における問題を解決するよう要求したという。その後、西スマトラ州の地方開発企画局は地元国立大学のアンダラス大学に問題解決のための包括的な調査を委託した。一方、JBICの調査団も、二〇〇二年一月下旬に、リアウ州と西スマトラ州の移転地を視察し、タンジュン・パウ村でダルペン村長、マスルル・サリム前村長と会合をもったほか、アルメン・ムハマッド、アデル・ユシルマンの両氏ともブキティンギで意見交換をおこなった。

　これまでJBICや外務省は、インドネシア政府や東電設計の報告のみをそのまま受け入れ、現地視察の際にも異議を唱える住民やNGOとは会おうとしなかった。そのため、彼らの現状認識は、移転住民の実態とはかけ離れていた。

　そうした過去の対応と比べれば、このような住民やNGOとの率直な意見交換自体は、評価できる。しかしながら、住民の意見が本当に移転問題解決に反映されるかどうかについては、引き続きJBICや外務省、そしてインドネシアの対応を注視していく必要がある。

　環境や人権に配慮していると宣伝されてきたコトパンジャン・ダム・プロジェクトであるが[18]、その実態は、地域住民の生活を破壊するものであった。このようなプロジェクトを設計、建設、監理した日本企業、そしてその調査、建設に資金を供与した日本の援助機関の責任が、いま改めて問われている。

（1）「コタパンジャン」と表記されることもある。コタ（kota）はインドネシア語、コト（koto）はこの地域で使用されているミナンカバウ語である。本稿では、この地域の人びとの呼び方にそって、コトパンジャンと表記する。

(2) 国際協力事業団『インドネシア共和国コタパンジャン水力発電開発計画調査報告書』一九八四年、I—三ページ。

(3) 前傾(2)、V—一ページ。

(4) 前述の水没対象家屋二六四四戸との間に開きがあるのは、四八八六世帯には家が水没はしないが移転する世帯が含まれていること、一戸に二世帯以上が居住している場合があること、人口の増加などの原因が考えられる。

(5) カンパル・カナン川上流のムアラ・タクス集落の約一㎞南にある仏教遺跡で、一一世紀から一二世紀に建設された。ムアラ・タクス寺院自体は貯水池の満水位より高いため水没しないが、寺院周辺の考古学的に価値のある地区は一四におよび、その大半が貯水池の造成により水没する。

(6) 鷲見一夫「新たな破壊、インドネシア　コタパンジャン・ダム」『エコノミスト』一九九一年八月二七日号、八二ページ。

(7) インドネシア政府は、移転・補償問題が解決していないにもかかわらず、八九年一月、ダムの水門を閉め、湛水を開始した。このため移転を拒否した住民は、水位が上がるにつれて家屋を高台に移し、抵抗した。学生やマングンウィジャヤ神父などの著名人も住民を支援し、この問題はインドネシアのマスコミでも大きく取り上げられた。

(8) 九九年五月一七日に開かれた参議院行政監視委員会での、篠塚徹OECF理事の答弁による。

(9) 住民代表が九一年七月一九日にOECFジャカルタ事務所に提出した声明書。声明書にはリアウ州側の移転村の一つであるコト・トゥオ村の住民一八二名の署名が添えられていた。

(10) 九月四日に住民代表が日本大使館で一等書記官らと話合いをおこなった際、大使館内は治外法権の範囲内であるにもかかわらず、インドネシアの制服警察官二名と私服の治安当局者二名を同席させていた。詳しくは、浅野健一『日本大使館の犯罪』講談社、一九九七年、二六八—二七五ページ参照。

（11）　諏訪勝『破壊――ニッポンのODA四〇年のツメ跡』青木書店、一九九六年、一〇六ページ。
（12）　リンボ・ダタは、タンジュン・パウ村内の水没しない地域に位置し、もともとは森であった。
（13）　タンジュン・パウ村内の水没しない地域にある農園や畑などの補償。
（14）　西スマトラのミナンカバウ社会では、基本的に土地は共有であり、村（ナガリ）の共有地、母系氏族（スク）の共有地、スクの下位集団であるカウム（またはパルイック）の共有地などに分かれる。住民たちは、水没しないタンジュン・パウ村の領域にあるすべての共有地を地方政府が引き続き承認するよう要求した。
（15）　タンジュン・パウ村長（当時）のマスルル・サリム氏が二〇〇一年七月に来日した際に用意したレポート"Derita Masyarakat Korban Dam PLTA Koto Panjang"（コトパンジャン水力発電ダム被害者住民の苦難）より。
（16）　八九年一〇月に作成された『環境配慮のためのOECFガイドライン』(初版)では、住民移転について、「水没によって移転を余儀なくされる住民の生活状況等について検討され、所要の処置が講じられる必要がある」とある。
（17）　事務局の連絡先は、大阪府枚方市星ケ丘二―四〇―五、遠山勝博方（http://web.kyoto-inet.or.jp/people/ka1484zu/）。
（18）　たとえば「人権、環境のモデルになったコタパンジャンダム開発」『ODAは役に立っているのか?』国際開発ジャーナル社、一九九六年。

第2章　戦争協力と人権侵害のODA

村井　吉敬

1　ODAの無定見

一〇年前の一九九一年、日本のODA政策は大きな転換点を通過した。この年の四月、「ODA四指針」が閣議決定され、翌九二年六月の「ODA大綱」[1]に結実した。

これは、湾岸戦争による影響が大きかった。わたしたちが『検証ニッポンのODA』を出版したのは、このころのことである（九二年四月）。だが、この「ODA大綱」で、日本のODAは本当に大きな転換をしたのだろうか。これは国会承認を経たものではなく、単に閣議決定した政策であるが、そこには従来にない原則が打ち出されている。援助対象国の「軍事支出、大量破壊兵器・ミサイルの開発・製造、武器の輸出入等の動向、民主化の促進、市場志向型経済の導入の努力、基本的人権及び自由の保障状況など」を判断してODAを実施するというものである。

わたしは、『検証ニッポンのODA』の冒頭で、日本のODAが戦争協力（湾岸戦争）に使われており、本来、人道主義に基づくべき援助とかけ離れている使われ方に疑問を呈した。さらに、日本のODAはアメリカの世界戦略に追随的（戦略援助）である、ODAが軍事政権を支えている、被援助国住民の生活や環境を破壊している、企業利益に利用されている、被援助国のみならず日本でも援助に汚職がついて回るなどの批判を実証的に論じた。

湾岸戦争から奇しくも一〇年目の二〇〇一年九月一一日、アメリカが「同時多発テロ」によって攻撃された。アメリカ・ブッシュ政権は、この「テロリスト」の攻撃を「戦争行為」であるとして、イスラーム「原理主義者」のテロリストと、それをかくまっているとされるアフガニスタンを標的に、報復戦争を仕掛けた。爆撃は連日繰り返され、特殊部隊が地上戦を展開してきている。しかし、肝心のウサマ・ビン＝ラディンはまだ捕まっていない（二〇〇二年四月末日現在）。このアメリカの行動についてここで詳しく論じるつもりはないが、こと日本のODAに関しても、再び問題が提起されているので、そのことをまず考えてみたい。

日本は、インドとパキスタンが九八年五月に核実験をおこなったとして、同月、直ちに緊急・人道援助を除く新規ODAの停止をおこなった（二〇〇二年四月にいたっても公式な解除はない）。これは、「ODA大綱」にしたがった措置（大量破壊兵器・ミサイルの開発・製造）である。一方、九五年六月に中国が核実験をおこなったときには、八月に無償資金協力のみの停止をおこなったが、一六カ月後の九七年一月と三月には、無償資金協力を再開している。

おなじ核実験でありながら、インド・パキスタンに厳しく、中国には甘い措置で、さっぱり原則がはっきりしない。この違いについて、外務省は、インドとパキスタンは核拡散防止条約を調印していないためだと言っているが、これは詭弁だといえよう。日本との経済関係および対米関係の重要性が先行したダブル・スタンダードといえるものである。

しかも、このパキスタンへの「制裁」が、二〇〇一年九月のアメリカの「同時多発テロ」によって、なし崩し的に解除されつつある。日本政府は、アメリカのテロリストへの「報復戦争」に協力するため、対パキスタン緊急経済支援（九月二一日）および追加的経済支援（三億ドルの無償資金協力、債務救済および国際金融機関を通じた支援、一一月一六日）をおこなったのである。(2)

攻撃によって、隣国アフガニスタンからの難民流出が予想されるパキスタンを懐柔するアメリカの政策に同調するというのが、この支援の真の理由であろう。核実験制裁よりも、アメリカへの同調がODA政策の基本にあると言って、差し支えないだろう。

付言すれば、「ODA大綱」以前の話であるが、ソ連がアフガニスタンを侵攻し（七九年）、そこに親社会主義の政権ができると、アフガニスタンへの援助はたちまち減額され、逆にアメリカのパキスタン援助増額にならって、日本の対パキスタン援助も増額された。この増額は難民対策という名目であるが、これがアフガニスタンにおけるイスラーム・ゲリラ（タリバーン勢力など）育成のもとになった可能性もある。というのは、反ソ政権を忌避し、政治的に逃れてきた難民たちは、パキスタンでやがてタリバーンを結成し、武装ゲリラ訓練などをおこない、いつの日にかの反撃に備えていたからである。ここには、アメリカのＣＩＡも絡んでいたと言われている。

いかに難民支援といえども、それはきわめて政治的な意味で解釈されなければならない。日本のＯＤＡは、結局のところアメリカという冷戦後の唯一の超大国の利害・戦略に、依然として振り回されているのである。

「ＯＤＡ大綱」をめぐるこうした揺らぎを見る限り、日本のＯＤＡのいちばんの根幹にある対米戦略への追随性は、微動だにしていないことがわかる。ＯＤＡと外交という基本でいえば、ＯＤＡはたしかに外交の一環になっている。外交の基本は日米同盟であると外務省は言う。しかし、「ＯＤＡ大綱」では、その冒頭に「今なお多数の人びとが飢餓と貧困に苦しんでおり、国際社会は、人道的見地からこれを看過することはできない」との理念を掲げている。アメリカの戦争に、憲法や国内法を無視しても「協力する」外交は、このＯＤＡ理念と折り合いがつくとは思えない。

そうであるなら、「ＯＤＡ大綱」などやめてしまえばいい。人道主義づらなどしないで、日本のＯＤＡは日本政府の外交の道具です、アメリカの「ご機嫌とり」が大綱の理念です、とだけ言えばいい。

こういう議論が、ＯＤＡ実務者や、あるいはＯＤＡの現場で仕事をしている人びとの間でなされることはまずないといってよい。これは踏み入ってはならない領域だと観念されているように思う。しかし、そうである限り、ＯＤＡについていくら論じても、その根元的改革はおそらく不可能ではないだろうか。

インドネシア軍は七五年一二月、東ティモールに大規模な軍事侵略を開始した。国際法を無視した、無謀な事件である。国連はインドネシア軍の撤退決議をしたが、インドネシア政府はこれを無視した。翌年、インドネシア政府は、東ティモールをインドネシアの第二七番目の州として、併合してしまう。以来、九九年八月末の自決を決めた住民投票までの二四年の長きにわたって、インドネシアは東ティモールを不法に併合状態においていた。

九〇年八月、イラクがクウェートに侵攻した。五カ月後、アメリカをはじめとする多国籍軍はイラクに猛爆撃を加え、地上作戦も実施した。その後、イラクに対して輸出入禁止や経済協力停止など厳しい経済制裁を科し、それは一〇年経った今日も続いている。日本はこのとき、多国籍軍に一一〇億ドルの戦争協力費を拠出し、それ以外に、ヨルダン、トルコ、エジプトの紛争周辺国に二〇億ドルの、いわば戦争協力ODAを拠出している。対米追随外交の最たるケースである。

アメリカは、明らかにスハルト政権とサダム・フセイン政権にダブル・スタンダードを使い、前者の侵略行為には目をつむり、後者にのみ軍事制裁を加えた。七〇年代中期といえば、まだ東西冷戦状況下にあり、アメリカは何よりも反共政権を大事にしていた。他国を侵略しても、それが反共国家ならば許されていたのである。

二〇〇一年一二月六日、アメリカの公文書開示により、当時のフォード大統領とキッシンジャー大統領補佐官は、インドネシアの東ティモール侵略を認めていたということも明らかになっている。ちなみに、インドネシアによる東ティモール侵略のあった七五年に、アメリカは五〇〇〇万ドルのOD

Ａを供与したが、七七年には一億二〇〇〇万ドル、七八年には一億四二〇〇万ドルと増額している。日本は、アメリカよりさらに積極的にインドネシア側に荷担した。ＯＤＡ額では七五年一億九七九二万ドル、七六年二億四八万ドル（この年の二国間援助額の二六・六％を占める）と、東ティモール侵略はＯＤＡ減額にはまったくつながっていない。侵略直後の七五年一二月一二日の国連総会は、インドネシア軍の即時撤退、東ティモール住民の自決権の保障、安全保障理事会の緊急行動要請の決議を七二対一〇で可決しているが、アメリカが棄権したなか、日本は「敢然と」反対に回ったのである。ただし、安全保障理事会でのトーンを落とした決議には賛成している。以降、日本は国連の場で、スハルトのインドネシアを支持しつづけた。国連重視と日本政府は言うが、それもアメリカの前には吹っ飛んでしまう。

ここで言いたいことは、冷戦期だからとか、テロ攻撃だからとか、アメリカは都合のよい論理だけで勝手に外交のスタンダードを変えるべきでない、ということではない。それに引きずられてしまう日本のＯＤＡ政策の無定見を問題にしているのである。

「ＯＤＡ四指針」や「ＯＤＡ大綱」が出される以前も以後も、日本政府・外務省は、援助は人道主義（被援助国の民生の安定、福祉の向上）と相互依存性（日本の平和・安定・繁栄に裨益《ひ》）の観点から必要だと国民に説明してきた。日米同盟が大事で、アメリカの戦略に追随するという原則はどこにもない。つまりＯＤＡに関していえば、冷戦時代も、ポスト冷戦時代のいまも、その供与の実態には、理念とかけ離れたごまかしがある。

政治や外交の場は、それほどきれいごとでない、日米同盟が何ごとにも優先されるという、したり顔の「リアリスト」たちがいても仕方がないが、理念を掲げて国民のカネをODAに使う以上、ごまかしの論理は許されない。そうでなくとも、外務省は国民のカネを、知らぬ間にしこたま貯め込んで、私費や公費まがいのパーティー・交際費などに流用してきている。ODAを信用しろと言っても、そう簡単に信用するわけにはいかない。

2　東ティモールの苦難に荷担しつづけたODA

日本は、インドネシアによる東ティモール侵略に目をつむったどころか、ODAを通じてスハルト政権に最大限荷担していった。当時のODAの論理「民生の安定と福祉の向上」と、対インドネシアODAを照らし合わせて考えれば、そこにいかにまやかしの論理がまかり通っていたかがすぐにわかる。

東ティモールでは、インドネシアによる併合後、恐るべき事態が起きた。併合に反対したり、併合を快く思わない人びとが捕えられ、収容所に入れられ、拷問を受け、あるいは殺された。食糧不足、医療不足で餓死・病死した人もあとを絶たない。七九年までに二〇万人が死んだといわれる(3)。あるいは、人口が一二%減少したという推計もある（六八万人の一二%で八万二〇〇〇人。これは一九七五年〜九三年までの人口の伸び率から推計した数値）(4)。

人びとが殺されたり、餓死・病死している事態は、「民生の安定・福祉の向上」とは対極であろう。東ティモールで容易ならざる事態が起きていたことを、外務省は知っていたはずである。日本のＮＧＯからも、アムネスティ・インターナショナルなど諸外国のＮＧＯなどからも、そのような情報は入っていたはずである。にもかかわらず、日本政府・外務省はいっさい動こうとはしなかった。七八年以降は、日本政府（大使館）が東ティモールを訪問したのち、同地域を「インドネシアが実効的に支配している」とし、国連の決議の場で、東ティモール問題が議題からはずれるように努力さえしていた（八三年以降、議題からはずされる）。百歩譲って、かりにインドネシアの「実効的支配」を認めたにしても、対インドネシアＯＤＡの多くの部分が、もっとも悲惨な生活を強いられている東ティモールの人びとの救済に向けられるべきだったのではないか。

だが、東ティモールの人びとの「民生の安定、福祉の向上」を目的にした援助など、いっさいなされなかった。なされた援助といえば、むしろ憎まれる援助であった。八〇年度および八七年度に供与された有償資金協力案件「全国無線周波数監視」（第一期は八〇年度の開発資機材供与で二六億四〇〇〇万円、第二期は五七億一〇〇〇万円の合計八三億四一〇〇万円、通産省の『経済協力の現状と問題点』では「電波監視体制事業」とされている）[5]は、東ティモールに移動用の無線監視車を配備している。

当時、東ティモールの独立を闘っていたフレテリン（東ティモール独立革命戦線）にとって、短波無線はいわば外の世界との命綱のようなものだったにちがいない。その電波を、無惨にも日本のＯＤＡによって監視する体制がつくられたのである。ゲリラとして山中で必死で闘い、海外にニュース発信

していた東ティモールの人びとの無線を探し出し、摘発することは、人殺しにも等しいＯＤＡではないだろうか。(6)

人びとに歓迎されざるもう一つの援助は、「家族計画」（プロジェクト方式技術協力）である。東ティモールでは、家族計画クリニック（四四二村に一八三カ所）が大量に建設され、そこで避妊注射デポ・プロベラが実施された。家族計画クリニックの建設では、世界銀行の援助が大きかったという。日本の対インドネシア家族計画援助が、そこにどのように関わったか不明であるが、日本のＯＤＡはこれまで家族計画分野での援助を誇ってきただけに、無関係とはいえないだろう。

この避妊方法は、インドネシア全体で五％でしかないにもかかわらず、東ティモールではインドネシアによる併合以降、五七％に達したというデータもある。(7)強力であるがゆえ、その後、不妊になる危険性が指摘されている避妊法だ。(8)東ティモール人を根こそぎいなくしてしまう「エスノサイド」ともいえる。なぜこれが、「民政の安定、福祉の向上」といえるのだろうか。

東ティモールの惨状を世界に大きく知らせることになったのが、九一年一一月一二日に起きたサンタクルス事件である。一〇月二八日、警察官との衝突の際、一人の青年が死亡した。この青年を追悼するため、多くの市民が墓地（ディリ市内のサンタクルス）に向かい行進した。そこで待ち受けていたのが、インドネシア国軍による無差別発砲である。

東ティモール側の調査では、死者二七三名、行方不明二五五名、負傷者三七六名に達した（インドネシアの国家調査委員会の発表は、死者五〇名、負傷者九一名となっている）。この場に居合わせたイギリス人ジャーナリストや、日本在住カトリック司祭の撮影したビデオが、惨劇の模様を世界に伝えた。「忘れられた」東ティモールで起きた事件は、インドネシアによる軍事侵略と占領という「不正義」をあらためて世界に想起させることになった。

このときのアメリカの大統領は、奇しくもジョージ・ブッシュ（現大統領の父親）であった。アメリカ政府は、フォード大統領がインドネシアの東ティモール侵略を黙認して以来、東ティモール問題に深入りせず、事実上、スハルト政権に異議を差し挟むことはなかった。サンタクルス事件後にも、政策変更をすることはなかった。

しかし、以前から東ティモールにかなりの関心をもっていたアメリカ議会は、事件後、東ティモール民族の自決（それぞれの民族が、自分たちの運命を自分たちの意志によって決定できるという原則で、国際人権規約によっても認められている）要求支持を決議した。さらに、九三年度対インドネシア軍事教育・訓練計画費二三〇〇万ドルの停止を決議している（九二年六月、しかし、アメリカ政府はこれを拒否した）。イギリス政府もインドネシア大使を呼び、懸念を表明、ＥＣ（ヨーロッパ共同体）外相たちは、虐殺の徹底的調査を求めるとともに、援助を再検討すると言明した[9]。

こうした国際世論の手前、日本政府は、インドネシア政府に対して一応「憂慮の意」を伝えた。市民団体は、この年の四月に決定された「ＯＤＡ四指針」に基づき、人権侵害の著しいインドネシアへのＯＤＡ政策の変更を求めたが、政府は沈黙したまま、何の措置もとらなかった。そして、インドネシア側のお座なりの軍関係者「処分」をもって一段落にしてしまったのである。その上、渡辺美智雄外相は、来日したアリ・アラタス・インドネシア外相に対して「逮捕者と軍の関係者の処分の釣り合いに注意してほしい」などと、まったくインドネシア政府のご機嫌とりまでやってのけた。

つまり、無差別発砲し、人びとを射殺した軍だけでなく、葬送行進をした側にも責任があるとしたのである。外交の最高責任者としては信じられない発言であるが、この人物が、疑惑のODAプロジェクトに関わっていたのだから、哀しいながら当然といえば当然のことかもしれない。

ここで、渡辺外相疑惑に詳しく触れることはできないので[10]、簡単に述べる。九二年当時、副総理兼外相（さらに日本インドネシア友好協会会長）だった渡辺氏は、ジャカルタの旧空港（クマヨラン）跡地利用開発プロジェクトに深くコミットしていた。彼の私設秘書が取締役兼監査役をつとめる会社が、OECF（海外経済協力基金）からの投融資資金でこのプロジェクトを受注したのである。何とも恥ずかしい事件だ。この空港跡地には、ジャカルタ見本市（フェアー）会場が移築されることになっており、高級住宅やホテルの建設も予定されていた。そして、請け負った企業に対して、日本の民間企業と並んでOECFが九〇〇〇万ドルの資金を投融資することになったのである。

インドネシア側でこのプロジェクトに動いたのは、当時のジャカルタ州知事ウィヨゴ・アトモダルミントである。彼はそれ以前に駐日大使を務め、渡辺外相とは肝胆《かんたん》相照らす仲であった。渡辺は、この疑惑に対して「インドネシアのODAプロジェクトからは、いかなる利益も受けていない」と文書で回答しているが、OECFの投融資資金はODAであり、政府閣僚の立場の人間が私的に関わるべきカネであっていいはずがない。

いくら外務省が、ほとんどのODAプロジェクトは問題ありません、汚職も腐敗もありませんと主張しても、トップの外相の疑惑ひとつ晴らせないとしたら、残念ながら、その言葉を信用するわけにはいかない。空港跡地にたしかに見本市会場は建設されたが、それが採算可能な施設になったという話は伝わってきていない。ＯＥＣＦ（現ＪＢＩＣ）は、この投融資をどう回収するのだろうか。

3　離脱後の援助「攻勢」

東ティモールは周知のように、九九年八月三〇日におこなわれたインドネシアの大幅自治供与を認めるか否かの住民投票の末、それを否認し、インドネシアの併合からの離脱を決めた。スハルトが九八年五月に退陣、後がまには副大統領だったＢ・Ｊ・ハビビが大統領に就任した。ハビビは、よもや離脱はあり得ないとの予想を立て、インドネシアの喉に刺さった骨のような「東ティモール問題」解決を、住民投票で一挙に解決しようとの賭けに出たのである。だが、結果はハビビの予想を裏切り、圧倒的多数（七八％）の住民が離脱を選択した。

おそらく、この予想外の事態に外務省はあわてたにちがいない。誰もが「どうやって過去をとりつくろうのだろう」と思うところだが、そこはいつもながらの官僚の保身が働くのである。「過去の非」（とすら実は思っていないかもしれないが）はいっさい問わず、状況に身を合わせていく。外務省の『我が国の政府開発援助』（九九年版）には、東ティモールについて、さりげなくつぎのように書かれてい

ただけである。(11)

「独立運動が活発になってきていた東チモールについても、国連・ポルトガルとの三者協議の結果に基づき、東チモール人の民意確認のための直接投票が九九年八月三〇日に実施された」

「東チモール人の直接投票の円滑な実施を支援するため、総額一〇一一万ドルの国連への拠出を表明した他、市販用ラジオ二〇〇〇台を供与した」

そもそも「独立運動が活発になってきていた」という認識自体が、誤りである。東ティモールの人びとは、インドネシアによる侵攻以前に、すでに独立していたと考えているので、離脱のための抵抗運動だったのである。そして、離脱が明確になっていった二〇〇〇年版の『我が国の政府開発援助』には、つぎのように書かれている。

「投票結果が公表された後、独立反対派による放火、略奪、生活インフラの破壊等が頻発し、治安が悪化したため、国連安全保障理事会決議に基づき、同年九月、豪州主導の多国籍軍が治安回復のため現地に派遣されるに至った」

この記述はまだしも、「我が国は、東チモール問題の平和的な解決はアジア太平洋地域の安定と平和のために極めて重要であるとの認識の下、同問題解決のためできる限りの支援を行う旨表明してきている。直接投票の実施に際して人的、資金的協力を行ったのに加え、その後の争乱からの治安回復及び避難民支援、復興開発支援についても様々な面で協力を行ってきている」と書いている。ここでは、過去、日本政府がこの問題の「非平和的」解決に多大な「貢献」をしてきたことにはいっさい言及せずに、進軍ラッパを鳴らすがごとく、東ティモール援助をおこなうことを宣言しているのである。

いままでは、インドネシア政府の武力行使を陰から応援・荷担していた。それが一転、インドネシアからの離脱、独立になったら、手のひらを返すように全面的な「支援」にまわる。そんなことなら、なぜ「放火、略奪、生活インフラの破壊」を放置したのか。これを実行したのは、「独立反対派」（併合派とすべきであろう）である。その併合派は、東ティモール人民兵だけでなく、それを背後で支えたインドネシア国軍の存在なくしては語れない。その国軍を野放しにしてきた責任は、インドネシア政府だけでなく、日本にもある。日本は、スハルト政権の東ティモール軍事政策にいっさいの注文をつけることなく、国軍などによる人権抑圧にまったく目をつむってきたからである。

九九年三月、わたしが東ティモールを訪れた際には、すでに日本から多数の援助関係者が来ていた。ＪＩＣＡ（国際協力事業団）、コンサルタント業者、ＮＧＯなど、おそらく数十人を越える日本人が、援助案件の発掘から実施に携わっていた。ＪＩＣＡやコンサルタント関係者は、旧東ティモール州政府の白亜の官庁の裏にある、五角形のクーラーの利いた大ホールに集まり、無数のパソコンを動かしていた。そこで彼らは、農業や道路や水道など、直ちに手をつけるべき事業計画を練っていた。それぞれの部門で、棲み分けながら静かに仕事をしている。ある人たちは、二〇〇〇分の一の地図まで作製するという。いまになってこれだけ熱心な「援助」をしようというなら、なぜもっと前に、少しでもこの地に関心をもとうとしなかったのだろうか。

4　日本が支えた抑圧と汚職のスハルト政権

九七年七月以降のアジア通貨・金融危機まで、インドネシアは、タイ、マレーシアなどと並んで「開発優等生国家」といわれ、世界銀行からも賞賛され、ODAがきわめて効果的に使われた国として日本政府も賞賛していた。だが、アジア通貨・金融危機は、インドネシアに未曾有の政治・経済危機をもたらす。そして、学生、大衆によるスハルト政権打倒運動が盛り上がり、翌九八年五月、スハルトはついに三二年間の統治を放棄した。

その後、ハビビ、アブドゥルラフマン・ワヒド、メガワティ・スカルノプトゥリと、三年間で三人の大統領を生み出している。その間、アチェ、西パプア（イリアン・ジャヤ）では、分離独立運動弾圧に名を借りた国軍による大規模な人権侵害が続き、マルクでも大規模な人権侵害、殺し合いがつづいている。東ティモールも含め、これらの混乱、流血は、もとをただせばスハルト政権の負の「遺産」というべきものである。

スハルト政権の三二年間は、「開発の時代」であったとともに「抑圧の時代」であり、「汚職腐敗の時代」であった。[12] たしかに、モノは飛躍的に増えた。三〇年ほどの間で、一人あたりGDPは、七〇年の一〇六ドルから九七年の一〇六四ドルにまでなり（その後のアジア通貨・金融危機で九八年には四九〇ドルまで下落した）、製造工業部門のGNP比は、数％台から二五％にもなった。多くの開発エコノ

独立運動に揺れる西パプア

ミストや援助関係者は、このことを誇ってきた。この人たちは、大規模な人権侵害も「開発に犠牲はやむを得ない」「多数の幸せのために少数の犠牲はやむを得ない」という論理で、開発独裁や軍事的抑圧を容認してきた[13]。

しかし、こうした正当化を、現に犠牲になった人びとはけっして容認しないはずである。そもそも、スハルト政権誕生の基礎となっている六五年九月三〇日事件以後に、五〇万人とも三〇〇万人ともいわれる共産党員やそのシンパ、あるいは華人などが虐殺されている。

大規模開発プロジェクトの周辺にも、さまざまな犠牲がついてまわった。西パプアのフリーポート社による銅・金鉱山開発、アチェでの石油・天然ガス開発（第4章参照）、巨大ダム……。その多くは日本のＯＤＡや旧日本輸出入銀行の資金が使われている。これらは、無数の人びとの立ち退き問題を生み、こうした開発に異議を唱えた住民や学生、市民活動家は弾圧を受けた。

その上、開発には汚職・癒着・縁故主義（KKN）がついてまわった。スハルト・ファミリーの巨額の蓄財を筆頭に、中央から地方まで開発利権が食い物にされてきた。GNPは巨大化しても、貧富の格差は縮まらないどころか拡大し、失業も改善されない。これでも、「開発の時代」を誇らしく思えるというのだろうか。

インドネシアでは、現在、膨大な対外累積債務が深刻な問題になっている。公的債務、民間債務の総額は、一五〇一億ドル（約二〇兆円、九九年末）[14]に達している。このうち公的累積債務は七二六億ドル（八兆七一二〇億円）、日本からの貸付額はそのうちの約四〇％、三兆五〇〇〇億円ほどになる（贈与をあわせた総供与額は三兆九一七〇億円）。

日本のODA政策のもうひとつの重要な柱は、「借款は自助努力を促す」からよい援助形態である、というものである。だが、これも実はタテマエでしかない。つまり、「自助努力」のタテマエは、ただで提供する贈与は、場合によっては援助された側が自助努力をしなくなるので、それよりは借款で返済努力をするほうが自立につながるというのである。しかしホンネは、贈与の財源として税からの供与がむずかしいから、利用しやすい財政投融資資金による貸付（円借款）が多くなってしまうからにほかならない。OECD諸国で、日本ほどODAのなかで貸付部分の多い国はほとんどないのが現状である。

九八年のインドネシアのGNPはおよそ一三〇〇億ドル、債務額はこれを二〇〇億ドルも上回る。

公的債務の元本返済額だけでも、おそらく毎年三〇億〜四〇億ドルになる。債務返済比率（DSR）は五〇％を超えて（九九年五七％）、危機的状況にある。インドネシアは、すでに返済不能状態にあるのだ。

しかし、まさか「倒産」するわけにはいかないし、債務棒引き（キャンセル）要求でもしようものなら、その影響はあまりに大きく、新規借款がすべて停止されるおそれもある。そこで、リスケジュール（債務繰り延べ）で、ともかく乗り切ろうとしている。当然、こうした巨額債務の返済は、予算の削減、とりわけ社会・教育・保健分野など「採算のとれない」部門の削減につながり、貧困者、社会的弱者にとっては死活問題となる。

日本からの三兆五〇〇〇億円の貸付は、どうなるのだろうか。郵便貯金、厚生年金などから出資されたこの借款は、返済されるのだろうか。これを貸し付けてきた外務省や財務省やJBICは、その放埒で無責任な融資の責任を、感じているのだろうか。

5　債務負担者インドネシア市民の怒り

インドネシアのNGOも、事態を憂慮している。二〇〇〇年はじめにインドネシアの一八〇のNGOが集まって、「反債務連盟」(15)が組織された。そして、同年二月にジャカルタで開かれたインドネシア援助協議グループ(16)を前に、つぎのような声明を出している。

「インドネシアの債務危機の根本原因は、短期経済成長をめざした開発政策にある。そして、インドネシア経済を急速に国際化しようとしたことにある。スハルト体制下の開発政策は、対外債務にその多くを負うてきた。（中略）インドネシアは、かくも大きな債務は支払えない。債務の悪循環を断たなければならない。債務を断つことが、より公正で持続可能な発展をインドネシアにもたらすであろう」

さらに、具体的に四つの要求を掲げている。

(一) インドネシア政府の対外債務すべてをなくすこと
(二) 民間債務を公的に肩代わりさせない
(三) インドネシアの対外債務利用について独立した調査をおこなう
(四) インドネシアに新たな債務を供与しない

これとは別に、インドネシア援助協議グループに対してアドボカシー活動を続けてきたインドネシアのNGOの連合体であるINFID[17]は、二〇〇〇年度の援助協議グループ年次協議（二〇〇〇年一〇月、東京で開催）に対して、つぎのような勧告をしている。

「援助協議グループのメンバーは、現在の民主的なインドネシア政府が債務負担に耐えられぬことを深甚に考慮すべきである。したがって、援助協議グループメンバーは以下の方策を採るべきである。インドネシアの債務負担について、以下を要求する。

(一) 現在の債務救済メカニズムは、不適切なものである。援助国会議は、さまざまな国際的な援助供与者を交えて包括的な救済方法をとるよう、そのイニシアティブを発揮すべきである。援助国会議は、そのようなイニシアティブを採れる唯一の機関である。

（二）この新しい手続きは、以下の点に考慮すべきである。

ａ　援助国会議は、インドネシア政府による貧困撲滅の努力と、差別され、抑圧されたグループの保護を開発政策の最優先順位に据える努力を支持すべきである。これを予算に反映させ、二〇％以上を社会開発に向けるべきである。

ｂ　援助国会議は、スハルト政権による不良な債務をキャンセルし、あらたにそのような債務が生じることを防がなければならない。

ｃ　援助国会議は、過去の債務の不正使用の調査をしなければならない。このために、独立した国家調査委員会を立ち上げねばならない。

ｄ　民間債務を公的な債務に転換することをやめさせるための、あらゆる必要な手段を講じなければならない(18)」

このときのインドネシア援助協議グループでは、ＮＧＯの意見表明が認められた。したがって、日本政府もＩＮＦＩＤのこの意見を聞いていたはずである。しかし、表だった反応は何もなかった。日本のＮＧＯ（インドネシア民主化支援ネットワークなど）は会場前でプラカードを掲げ、ＮＧＯの意見を述べたビラを代表団に配ったが、日本政府代表の多くはビラの受取りさえ拒否し、他国政府や国際金融機関（世界銀行など）代表の積極的反応とは対照的であった。この見解は、これまでの貸し手責任を追及し、債務の帳消しさえ求めているので、おそらく日本政府としては、困った問題がもち上がったと考えているのだろう。

少なくとも、この二つのNGOの連合体の要求を見る限り、彼らは、過去のインドネシア（スハルト政権）に対しての援助を、きわめて否定的にとらえている。そして、この要求ではあえて触れられてはいないが（それだけ当たり前のことと思われている）、スハルト周辺の権力者によって不正流用された不正借款を、返済する義務はない、つまりキャンセルしてかまわないとの姿勢をとっている。[19]貸し手は、「借り手の責任」をいう。一方借りた側は、自分たちが民主的に、正当に選んではいない政権の債務には責任がもてない、つまり「貸し手の責任」があるという。

おそらく、最大の貸し手である日本政府（旧OECF、そして背後にある財務省、外務省など）は、「貸し手の責任」などとんでもないと、債務キャンセルには同意しないだろう。しかし、スハルト政権はどのような政権だったのか、そこに貸したらどのような問題が起きるのかということに、薄々は気づいていたはずである。にもかかわらず、ODA政策を策定・実施してきた官僚は、相手国政府の性格を顧慮することなく、過去の延長線で、自分の任期中に「瑕疵《かし》なく」実績を積み上げてきただけである。だからこそ、今日の債務返済不能状態などありえないとして、腐敗した権威主義体制へのODAを継続してきたのである。

しかし、借り手（とくにスハルト政権）の責任はもちろんのこと、貸し手の責任も明確にし、さらに必要とする人びとの手に援助が届いていない責任を問うのは、国際的なNGOの世界では常識である。欧米援助国や国際金融機関でさえ、これらの問題をかなり深刻に受け止めているだけに、日本政府も根本的に頭の切り替えをする時期に来ているようだ。

6　いったい何が問題で、どうすればいいのか

日本政府は、東西冷戦の終結にともなった九〇年代初期の世界情勢の変化のなかで、「ＯＤＡ大綱」を決定した。さらに、九九年八月に「政府開発援助に関する中期政策」を策定し、世界の援助潮流になっている貧困者支援の重視、社会開発分野の重視、地球規模の問題への取組みの姿勢を打ち出している。

こうした流れ、あるいは変化には評価すべき点が多々あることは、いうまでもない。にもかかわらず、これまで述べてきたようなアメリカの世界戦略に追従してしまう日本のＯＤＡ政策の無定見に、大きな変化があったとは思えない。パキスタンに対する最近のなし崩し的な制裁解除は、その典型であろう。そして、人権抑圧的な開発主義の政権に対する膨大な援助が、いかに深刻な政治・経済的危機を生み出したかに対する無反省も、根本には、ＯＤＡ政策を対米政策の下位に置いてしまうことから派生しているといえよう。

「ＯＤＡ四指針」あるいは「ＯＤＡ大綱」の原則は、アメリカ重視外交、さらには軍事貢献を含めた近年の国際貢献を重視するあらたな国家主義的潮流の前に、その存在の不確かさを浮き彫りにして

いる。タテマエ上の原則や指針とは別に、日本のODAにはホンネの指針が見え隠れしている。それは、以下に要約できる。

（一）アメリカの世界戦略上重要な地域の重視。

（二）人権抑圧政権であれ、軍事政権であれ、親アメリカ、親資本主義国で、政治・治安が一見「安定している」地域の重視（抑圧政権だから安定しているように見える）。

（三）日本の経済（資源供給、投資市場、貿易市場）にとって重要な地域の重視。

ODAを論じると、最後に行き着く先は国益観の問題であるように思われる。アメリカを最重要視する国益、日本財界の利益を優先する国益。これも国益に対する一つの考えかもしれない。しかし、それはあくまでも一つの考えでしかない。

世界の多くの人びとは、貧困からの解放、人権の保障、人間の安全保障、政治への平等な参加（民主主義）、言論・表現の自由、教育を受ける権利の保障、民族・宗教・男女の差別のない社会を望んでいる。そこに向けた歩みを相互に手助けすることを援助の大原則にする。このことが世界の平和と平等と繁栄をもたらすのなら、それこそが、実は広い意味での「国益」であるはずだ。それは、二一世紀にわたしたちがもつべき援助観、国益観ではないだろうか。

よいODAプロジェクトだってたくさんある、たまには失敗の事例もある、というような議論も必要かもしれない。また、技術的にODAの善し悪しを論じることも必要かもしれない。しかし、それ以上に大事なことは、ODAはアメリカのためではない、日本のビジネスのためでもない、ともに平等で平和な未来をめざすためにあるという揺るぎない原則を、わたしたち市民が官僚や国会議員に確認させつづけ、それを制度化していくことではないだろうか。

（1）「政府開発援助大綱（ODA大綱）」（九二年四月閣議決定）の骨子は以下の通り。
一　基本理念　①人道的考慮（飢えと貧困）、②相互依存性の認識（世界の平和、安定、繁栄に裨益）、③環境保全、④途上国の離陸へ向けての自助努力支援
二　原則　①環境と開発の両立、②軍事的用途及び国際紛争助長への使用回避、③途上国の軍事支出、大量破壊兵器・ミサイルの開発・製造、武器輸出入等の動向に十分な注意を払う、④途上国の民主化の促進、市場志向型経済導入の努力並びに基本的人権及び自由の保障状況に十分な注意を払う
三　重点事項　①アジアとりわけ東アジア・東南アジアを重視、②項目（ⅰ）環境問題、人口問題等地球規模問題、（ⅱ）基礎生活分野（BHN）、（ⅲ）技術の向上・普及の協力（人造りや研究協力）、（ⅳ）インフラ整備、（ⅴ）構造調整

（2）外務省は九月一九日、対パキスタン緊急経済支援を決定、内容は難民支援、緊急財政支援で合計約四〇〇〇万ドル（四七億円）である。一〇月五日には、パキスタン政府がおこなうアフガニスタン難民対策を支援するため、総額七五〇〇万ドル（八億二五〇〇万円）の緊急援助（無償資金協力）をおこなうことも決定した。

（3）C・ブディアルジョ、リエム・S・リオン著、栗野鳳監修、東チモールの独立に連帯する会訳『地図から消された東チモール』ありえす、一九八六年、一三〇ページ、アムネスティ・インターナショナル日本支部編『小さな島の大きな戦争』第三書館、一九八九年、九ページ、など参照。

（4）後藤乾一「東ティモール『州』」後藤乾一編『インドネシア　揺らぐ群島国家』早稲田大学出版会、二〇〇〇年、一七一ページ。

(5) 通産省『経済協力の現状と問題点一九八四年版』。
(6) 生島玲「東チモールの独立派の無線を〝潰す〟日本」『朝日ジャーナル』一九八八年一月八日号、一〇四ページ。
(7) 前掲(4)一七一ページ。
(8) 古沢希代子「家族計画プログラムと女性の人権――インドネシア及び東ティモールの事例を中心に」『女子大学社会学会紀要・経済と社会』第二二号、一九九四年二月、五四~七〇ページ、「国連が表彰したスハルト大統領の民族絶滅策」『朝日ジャーナル』一九八九年七月二一日号、一四~一八ページ。
(9) ＩＮＧＩ神奈川シンポジウム実行委員会編『開発を開く 草の根から見たインドネシアの開発と日本――ＩＮＧＩ神奈川シンポジウム報告書』日本インドネシアＮＧＯネットワーク、一九九三年、三五~三六ページ。
(10) 村井吉敬ほか『スハルト・ファミリーの蓄財』コモンズ、一九九九年、二四三~二四八パージ。
(11) 外務省経済協力局編『我が国の政府開発援助』(外務省ＯＤＡ一九九九年版および二〇〇〇年版ウェブサイト(http://www.mofa.go.jp/mofaj/gaiko/oda/)。
(12) 詳しくは、村井吉敬・佐伯奈津子『インドネシア――スハルト以後』岩波書店、一九九八年、村井吉敬「インドネシアの開発再考――スハルト体制の崩壊と開発」前掲(4)五九~九七ページ。
(13) たとえば、渡辺利夫氏は「開発のコストとベネフィットを正確に比較秤量すべきだというのは、まったくもって正論である。とはいえ、ベネフィットは、外貨獲得、雇用拡大、所得上昇などについての伝統的手法を用いて何とか析出することは可能であるが、他方コストの方は、例えば生態系の破壊がどのようにめぐりめぐってその社会の生活を侵すことになるのかという因果を把握することが容易でないために、たぶんに曖昧なものたらざるをえない」(渡辺利夫・草野厚『日本のＯＤＡをどうするか』日本放送出版協会、一九九一年、四〇―四一ページ)とし、事実上「コスト」(犠牲)の計算が不能であるとの立場に立っている。もちろん、ベネフィットがコストを上回ればそれでよい、との考えが基底にあることはいうまでもない。

（14）　世界銀行ウェブサイト（http://www.worldbank.org/data/wdi 2001/pdfs/tab 4_16.pdf）による。
（15）　反債務連盟（Koalisi Anti Utang）は、「債務に反対」をスローガンに、単にＮＧＯの連合体ではなく、労働者、農民、漁民、先住民族などからの参加もある。国際通貨基金（ＩＭＦ）、世界銀行、アジア開発銀行、援助供与国などによってつくり出された債務が人びとの暮らしを圧迫し、債務はスハルト時代の悪しき開発政策と汚職の遺産と位置づけ、それを「なくす」ことを主張している。ただし、債務の帳消し（キャンセル）の主張なのかどうかはいまひとつはっきりしない。
（16）　インドネシア援助協議グループ（ＣＧＩ）は、六七年に発足したインドネシア援助国会議（IGGI=Inter-governmental Group on Indonesia、六六年九月東京、同一二月にパリで債務返済問題を協議）を母体としている。ＩＧＧＩは対インドネシア二国間援助および国際金融機関援助を、インドネシア政府と協議しつつ決めてきた。常設事務局はなくインフォーマルな協議の場。参加国・機関はＩＧＧＩ時代は日本、アメリカ、西ドイツ、カナダ、イギリス、フランス、オーストラリア、オランダなど一三カ国、国際機関はＩＭＦ、世銀、アジア開発銀行、ＵＮＤＰ。ＯＥＣＤとＥＵはオブザーバー。九二年からインドネシア援助協議グループＣＧＩ（Consulative Group on Indonesia）と名称を代え、この時点でオランダは脱退させられる。
（17）　ＩＮＦＩＤ（International NGO Forum on Indonesian Development、インドネシアの開発に関する国際ＮＧＯフォーラム）は、インドネシアの援助、開発や人権などの諸問題を連携して国際的に討議し、批判・提言活動を行ってきた国際ＮＧＯの一つ。前身はＩＮＧＩ（International NGO Forum on Indonesia、九二年からＩＮＦＩＤと名称を変更）で、八五年に創設。九八年に、公的債務の三〇％の支払いキャンセルを主張した。
（18）　ＩＮＦＩＤウェブサイト（http://www.infid.or.id）、筆者訳。
（19）　アメリカのノースウェスタン大学のジェフリー・ウィンターズ助教授は、世界銀行の内部調査文書をもとに、スハルト時代に世界銀行貸付額の三分の一にあたる一〇〇億ドルが「犯罪的債務」（公的融資が官僚や権力者の財界クローニーによって盗まれるか、あるいは有力者の犯罪的行為によって甚大な被害を受けた経済を救済するために債務が生じたことで、当該社会が不当にも負わざるを得なくなった返済負担）に関係していると推定し、インドネシア内外に衝撃を与えた。ウィンターズは、世界銀行は、融資が目的通りに使用されていることを保障する義務がありながら融資しつづけたとして、インドネシア政府が世界銀行やその他のドナーに債務救済を求めたのは当然であるとの論拠を与えている（Winters, Jeffrey, Criminal Debt in the Indonesian Context, Updated for *the INFID Seminar on Indonesia's Foreign Debt, Jul.3-5, 2000*）。

第3章　熱帯雨林伐採と砒素汚染●パプアニューギニア

清水　靖子

1　豊かな水源郷マタネコ集落

二〇〇〇年の一一月、私は赤道直下五度のニューブリテン島北岸の小さなマタネコ集落にいた。浜辺のマンゴーの木だけが静かな日陰をつくっている。丸太の上に腰掛けて集落の人びとにインタビューしていると、私の手の中にそっとマンゴーを置く小さな手があった。〝喉が渇いているだろうから〟とマンゴーの木に登って実を差し出してくれた子どもたちだ。三歳から八歳ぐらいだろうか。つぶらな瞳が微笑んでいる。

その優しさに感動した私は、この集落がたどってきた出来事を多くの人びとに知らせたいという思いに駆られた。それは子どもたちから水源郷の暮らしを永遠に奪ってしまった日本の企業についてであり、日本のODAのあり方についてでもある。

図　ニューブリテン島のステティンベイ・ランバー社（日商岩井の子会社）の伐採地域図とマタネコ集落

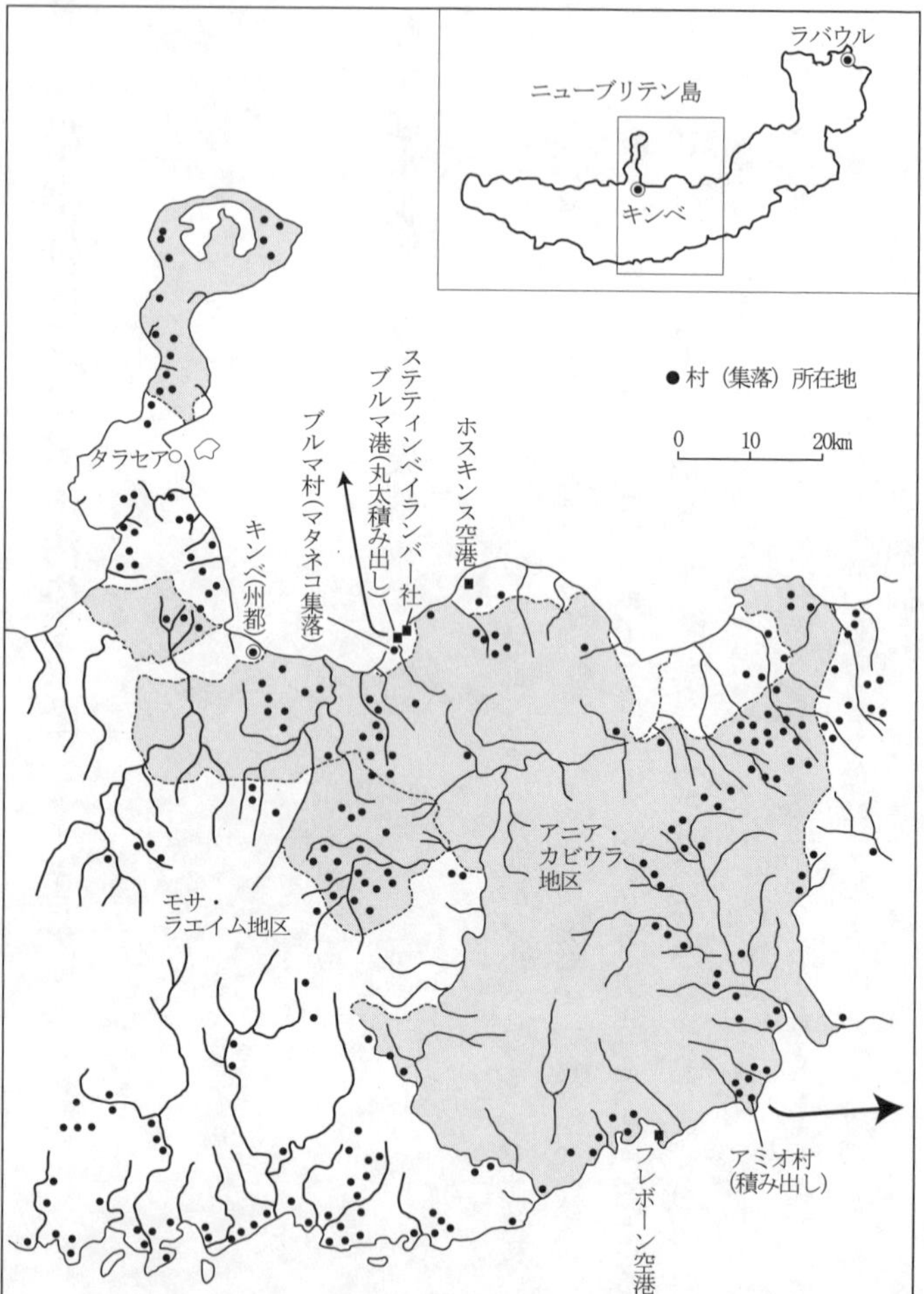

（出典）清水靖子『日本が消したパプアニューギニアの森』明石書店、1994年、43ページをもとに作成。

集落の名「マタネコ」とは、「泉が湧き出る口」という意味で、古来から集落には冷たくて深い泉があふれるように湧き出ていた。住民はその流れを飲み水とし、煮炊きをし、水浴や泳ぎ、魚釣りを楽しんできた。海には魚がたくさん集まってきた。

ニューブリテン島の原生林が蓄えた水は、とびきりおいしい。水は地下水帯水層を通って、海辺の村々に湧いてくる。マタネコ集落も、そうした豊かな水源郷のひとつであった。しかしいま、その面影はまったくない。涸れかかった泉（マタナブブル泉）と、排水側溝とされてしまった元クリーク（以下「側溝クリーク」）があるだけだ。いつも黄褐色の浮遊物や沈殿物で淀んでいる。クリークというのはこの地域では水源からの小川を指すのだが、いまはその水源もない。

荒れ果てた大地と強烈な日差し、丸太運搬車の埃から家々を守るものは、何もない。人びとは、破れた木片をつなぎ合わせた家々にひっそりと住んでいる。

大集落ブルマ村の総人口は、約二四〇〇人ほどである。そのなかのマタネコ集落は、一二五〇人くらいだろうか。大集落からも離れて、忘れ去られたかのように存在している。日商岩井が、この地に子会社ステティンベイ・ランバー社（以下SBLC）を現地政府との合弁（日商岩井出資比率九二％）で設立したのは、一九七〇年のことである。その後次第に拡大していった伐採権地域は五〇万haを越える。

マタネコ集落は、伐採地から昼夜運ばれてくる丸太の巨大貯木場や、日本などへ積み出される埠頭の一角となっていまに至る。貯木場の南には、製材所と防虫処理場が建設された。

そして奥地からの丸太は、ＪＩＣＡ（国際協力事業団）の開発協力事業「開発投融資」（七九年度、および八三年度）によって建設された伐採道路と橋を通ってくる。内陸には、同じく「開発投融資」（八一年度、および八四年度）によるユーカリ植林地も横たわる。

２　森を消したＯＤＡと日本企業

パプアニューギニアは残存する熱帯雨林の最後の楽園と言われる。その深い原生林の多様で華麗な独自の生態系は他に類を見ない。住民は、森を狩りや農耕の場、衣食住の糧の場、病気を癒してくれる薬の樹やカヌーの材として、豊かな暮らしを営んできた。

しかしこの楽園は七〇年代以降、日本に輸出する熱帯材の伐採地・供給地となってしまった（うち六〇％以上がニューブリテン島から来る）。その丸太の六〇％は、日本向けであり続けた（二〇〇〇年ごろから中国向けが増加）。日本では、その丸太の九〇％は合板に加工され、建築現場でのコンクリート・パネル（型枠合板）となり、多くは一回使われただけでごみ捨て場行きとなり、貴重な生命を終える。他には、建材・内装材・家具の材ともなってきた。

ニューブリテン島の面積は、四国の二倍にしかすぎない。その島に日本軍はかつて一〇万の兵で侵略し、住民の生命を奪った。戦後は、住民の生命の源である熱帯雨林を伐っていまに至る。(1)

パプアニューギニアでの日系伐採企業は、ＳＢＬＣ（日商岩井）、オープンベイ・ティンバー社（晃

SBLCの丸太積み出し港全景。写真右下が海と丸太積み出し埠頭。海に沿ってマタネコ集落、集落沿いに側溝クリーク、集落の中央にマタナブブル泉がある。内陸が製材所と防虫処理場（Aが加圧処理場、Bがディップ・ディフュージョン処理場）

和木材）、ＪＡＮＴ社（本州製紙、現在は王子製紙）である。日本政府は、この日系伐採企業に手厚い保護を加えてきた。その一つが、ＪＩＣＡによる日系企業への開発協力事業である。[2] 企業への低金利の融資「開発投融資業務」と、無償援助の「融資の対象となる事業等に必要な調査及び技術指導」がセットになっている。

ニューブリテン島で原生林伐採と丸太輸出をしているＳＢＬＣとオープンベイ・ティンバー社には、開発協力事業として、道路・橋・植林事業が行われた。ニューギニア本島で原生林皆伐とチップ輸出をしているＪＡＮＴ社に対しては、植林の援助（一二億七九〇〇万円）がなされた。植林の中心は、ともにユーカリである。

ＳＢＬＣへの場合、道路・橋・植林の開発協力事業だけでも、二九億四〇〇〇万円にのぼった（七九年から八五年）。ＯＥＣＦ（海外経済協力

伐採現場。SBLC が丸太を引き出すために破壊した水源

基金）からも、ＳＢＬＣとＪＡＮＴ社の一部の植林事業に対して援助がなされた。

　私たちの税金が、原生林を伐採してきた日系企業に使用されていることは、多くの日本人には知らされていない。ＯＤＡでありながら「企業秘密」として公表されない。しかも日商岩井は、ＳＢＬＣからだけではなく、パプアニューギニア各地の原生林伐採企業から丸太を買いつづけ、日本とアジア各地に輸出してきた、熱帯材取引きの最大手でもある。

　こうしたＯＤＡは、日系企業の操業継続と拡大に有利に働いてきた。日商岩井の場合、開発協力事業の四年後（八九年）に、現地政府から、山梨県ほどもある広大な「アニア・カピウラ地域」の伐採権を獲得したのである。

　そもそも現地政府から日系企業へ発行される伐採権は、かつてオーストラリア植民地政府の役人が、字の読めない地主の老人たちに圧力をかけて、二束三文のカネで獲得したものが中心である。伐採契約も、政府と企業の間で住民の頭越しに交わされる。慣習的土地制度は住民に対して憲法で保障されており、伐採権はその立木を伐る権利にしかすぎない。しかしひとたび企業の乱伐が開始され、ブルドーザーが山野を駆けめぐれば、その破壊を止めることは不可能となる。

3　伐採村の干ばつと水不足

九〇年から九八年にかけて、ニューブリテン島も含むパプアニューギニアでの原生林の伐採量は、増加の一途をたどった。ニューブリテン島からの丸太輸出量は、八〇年代に年間五〇万㎥前後だったが、九六年にはその三倍にも達した。平地のほとんどは伐り尽くされていく。ODAによって建設された橋や道路を通って、丸太は昼夜を問わず港へと運び出された。

地主たちは、道路封鎖、抗議集会、デモ、環境破壊に対する補償要求、伐採権料への不満など、さまざまな抗議行動を頻繁に起こした。ブルマ村の住民も同様であった。また、原生林の伐採権を守りつづけてきた村々も、あらゆる圧力と闘っていた。

私たち伐採を憂慮する仲間たちは、「パプアニューギニアとソロモン諸島の森を守る会」（以下「森を守る会」）を九四年に結成し、住民との連携と支援を展開してきた。そうした活動のなかで、私は伐採地と原生林の村々の両方を同じ時期に繰り返し訪問する機会を得た。たとえばニューブリテン島では、ボートで海岸沿いに三〇分も移動すれば、その両方に出会う。

そのうちに、伐採地と原生林の村々とでは、気象状況に違いがあることに気がついた。原生林のある村々では、深い森からの水系と風がさわやかに村を潤している。雨もしっかりと降る。午後には森の上に雲が形成され、心地よい夕立や夜のお湿りをもたらす。一方、伐採地では降水量が激減する。日照りと暑さは苛酷で、私は何度も「死にそう」「倒れそう」とつぶやいた。伐採が入って以来住民は、その苛酷な暑さに耐えて暮らしている。夕立をもたらす雲も形成されにくい。夜になっても高温が続く。飲み水も川の水も減る。いわば局地的な干ばつと砂漠化現象が、あちこちで起きていた。

こうした局地的現象は、赤道直下のエルニーニョ現象と相乗して、パプアニューギニア中を襲う大干ばつを引き起こした。九七年から九八年にかけての大干ばつでは、人口の四分の一にあたる一〇〇万人が、飢餓と水不足に苦しんだ。

伐採地での水と食糧不足は、さらに深刻化した。注目すべきは、この同じ時期に、原生林を有する村々では食糧も水も不足しなかったことである！ 私は、この目でその違いを見た。

マタネコ集落のあるブルマ村も、水不足に苦しんでいた。一方SBLCでは、自社用の深い井戸から機械で水を汲み上げ、おいしい水を飲んでいた。私は、現地でSBLCの代表取締役会長・最高経営責任者の松山清氏（日商岩井の元木材本部長）にそっと聞いてみた。

「日商岩井によって森を裸にされた住民が、飲み水がなくて苦しんでいる、その責任をどう負っていくのですか」。彼は、笑いながら答えた。

「水不足と言いますけれどもね、この異常気象はそもそもトヨタなんかの自動車産業の出す二酸化炭素の結果であって、熱帯林伐採のせいではありませんよ。それにね、いまアフリカなんかでおこなわれている伐採は、パプアニューギニアよりも、もっとひどいんですよ。これも日本に運ばれてきますけれどね」

干ばつに見舞われた王子製紙（元本州製紙）の伐採地も訪れた。大きな水汲み道具をかかえて遠くまで水汲みに行く母と幼い子どもたちや、飢える住民に出会った。クリークにも水がないため、大地を掘り起こして汚れた水を飲んでいる人びとや、爪の先ほどの大きさにしか成長していないタロイモを見せてくれた家族の苦悩を見た。

一方で企業にとっては、雨が降らないこうした気候は、伐採と搬出が容易な稼ぎ時である。パプアニューギニアからの丸太輸出量は、この九七年にピークを迎える。日商岩井も王子製紙も、激しい伐採を繰り返し、その土埃のすさまじさに私は、帰国後もしばらく気管支炎に苦しんだほどであった。

ＪＩＣＡの開発投融資その他による植林地は、その後どうなったであろうか。日系三社ともそれぞれ一万haほどを植林していた。その大半は、ユーカリである。かつて植林の技術者としてニューブリテン島の日系企業に派遣された日本人が、私に語った。

「そもそも、ユーカリ植林は現地の森の再生にはならない。残存する原生林の樹種を皆伐し、ガソリンなどをかけて焼きつくして、その跡にユーカリを植えるのですから。現地の多様な生態系のジェノサイドですよ」

ユーカリは、大地の水分と養分を大量に奪って成長する。その葉の油成分シネオールは、大地の有

干ばつの山火事で焼けたSBLCのユーカリ植林地

機成分を殺すうえに、火を呼びやすい。そのため、土壌の貧困化はいっそう進む。燃えながら山火事を広げる役割も果たす。

九七年三月にサイクロンがニューブリテン島を襲ったとき、乾燥しきった伐採地の二次林やユーカリ林は激しく焼けた。しかし、原生林は焼けなかった。瑞々しいままに火を食い止める役割を果たしたのだ。急いで伐採地の村々を小舟で回った私は、「政府の役人も誰ひとり来てくれない。来てくれたのは、清水さんがはじめて」と言われた。

このサイクロンと続く大干ばつで、日系三社はユーカリ植林地の多くを焼失した。その後、ＳＢＬＣの焼けた植林現場を見る機会を得た。遠くまで、一面裸の大地だった。焼けただれたユーカリが林立し、白い岩と砂が剥き出しになっていた。斜面には、激しい土砂の流出の爪痕がある。目を開けていられないくらいまぶしく、白い砂漠のような光景だった（写真参照）。ここがかつて、広大で深い原生林だったとは誰が想像できようか。悲しさで、涙が出た。

ユーカリ植林は「現地の多様な生態系のジェノサイド」と言った日本人技術者の言葉を、新たな思いで噛みしめた。しかし、日系各社はこの植林を「環境にやさしい企業」の宣伝に利用している。

4 猛毒物質（クロム・銅・砒素）の垂れ流し

干ばつが起きた九七年のことである。ＳＢＬＣの防虫処理場で、「森を守る会」の代表・辻垣正彦氏が叫んだ。

「これはＣＣＡ（クロム・銅・砒《ひ》素）だ！」

辻垣氏は、建築・設計家で防虫処理に詳しい。見れば、ＳＢＬＣの木材防虫処理場の加圧釜は壊れ、猛毒のドクロマークが付いているドラム缶の蓋は、開いたまま放置されている。ＣＣＡ薬剤漏れの跡が至る所にあり、側溝の土壌に広がっている。ずさんな操業がうかがえた。

ＳＢＬＣは、製材所の一角で八五年以来、二種類の防虫処理をおこなってきた。一つはクロム・銅・砒素の液を加圧釜に注入した後、木材を入れて蒸す、加圧式防虫処理方法である。ただし、九四年に加圧釜が壊れて放置されていた。もう一つは、クロムと砒素を中心としたFormula 7の液をプールに入れて、木材を浸して処理する、ディップ・ディフュージョン処理方法（ＤＤ処理）である。

衆知のように、砒素とクロムは猛毒物質である。日本の防虫処理業界は、これらの使用を自主規制しており、現在は使用していない。日本で使用していた時期も、薬剤の垂れ流しは許されず、厳しく管理されていた。薬剤廃液は、循環して再使用しなければならない。防虫処理後の木材は、四方を屋根と床（コンクリート）に囲まれた置き場に、最低二週間は厳重保管されなければならない（これを養生《ようじょう》期間という）。防虫処理後に材木が雨にあたると、薬剤が環境中に流出して土壌や地下水を汚染するからである。

しかし、SBLCでは、こうした管理・操業をしてこなかったことが以後の調査で明らかになっていく。SBLCの労働者たちはおおむね次のようなことを答えてくれた。

「加圧処理場からもDD処理場からも薬剤の垂れ流しは日常的」

「処理後の木材の野積みと雨ざらしも日常的」

「労働者は防虫処理現場で裸足や草履、素手で作業している。防護服もない。多くが病気になった」

こうしたずさんな操業の結果、猛毒廃液はどこに垂れ流されたのだろうか。防虫処理場は、マタネコ集落よりも三ｍほど高く盛り土をした内陸にある。その高低差で、猛毒薬剤は地表の流れとしては防虫処理から崖下道路→側溝クリーク→マタネコ集落とマタナブブル泉へと、拡散しながら流れ下ることが、労働者と住民の証言でわかってきた。女性たちは言う。

「SBLCが来るまで、泉とクリークは深かったわ。飲み水、身体洗い、水泳、魚釣り。魚もいっぱいいたわ。立って泳げるほどだったの」

住民たちは力を込めて訴えた。

「でも、SBLCが丸太集積場と製材所を造って、湿地と大泉《おおいずみ》を埋め立てた」

「残る泉も、奥地の森の伐採で涸れてきたのよ」

「結局最後は、ケミカル（化学物質）で全部壊れた!!」

「防虫処理場からはケミカルが石鹸水のように流れ出て、道路に下る。それが側溝クリークや集落方面に広がる。マタナブブル泉にも入る」

「イエロー・スタッフ（泉や流れにある黄褐色の浮遊・沈殿物）で、体がかゆい」

女性たちは、遠くまで水くみに通わなければならなくなった。水くみ場があまり遠いために、汚染されたマタナブブル泉の水をくむ人も多い。水浴や魚・野菜洗いもする。体を洗えばかゆくなり、湿疹が出る。悪化すると、皮膚の潰瘍《かいよう》や糜爛《びらん》状態も引き起こす。何も知らない子どもたちは黄褐色の水のなかで遊び回る。

住民は薬剤の名前すら知らないのだ。彼らは、垂れ流しと薬剤の使用中止をＳＢＬＣに訴えつづけてきたが、企業の側は聞く耳をもたなかった。九七年に、ＳＢＬＣはようやく蛇口が一つだけの水道管を一本引いた。しかし、集落の全人口には足りない。

クロムや砒素の人体への影響について、「アジア砒素ネットワーク」の専門家・横田漠氏（宮崎大学土木環境工学科教授）らに聞いた。

「クロムはアレルギー性の皮膚疾患を起こす。呼吸器疾患、ガンの原因にもなる。砒素は鼻や喉や目がただれる。白斑（白い斑点）が手にでき、色素沈着（黒い斑点）が手や足の裏にできる。皮膚ガン、角化症、糜爛、ボーエン病（表皮内細胞ガン）が起き、肝臓・胃・喉などのガンの原因になるとも言われる。住民の皮膚病や内臓疾患と砒素・クロム汚染との関連については、専門医の調査が必至である」

水中に溶けている砒素は酸化作用によって鉄などと結合して、黄褐色の沈殿物を生じることがあるという。酸化クロムと銅は青緑色を呈する。私たちは調査中、これらの垂れ流しを示す跡を各所で見た。

九九年二月、私はマタネコ集落脇の側溝クリークの水の採取に踏み切った。結果は一・一〇ppmの砒素値だった（現地政府公認の National Agricultural Reserch Institute＝NARI分析）。日本とWHO（世界保健機関）の飲み水・環境基準は〇・〇一ppmである。つまり、側溝クリークの水は、なんとその一一〇倍の高濃度の砒素で汚染されていたわけだ。

「森を守る会」は、SBLCの松山清会長に汚染値を伝えた。しかし、現地のコンサルタント会社のジョン・ダグラス氏に調査を依頼した結果の汚染数値が低いことを理由に、汚染の責任を認めなかった（マタナブブル泉の砒素値＝二〇〇〇年三月採取分〇・〇〇八二ppm、側溝クリーク〇・〇〇五七ppmなど）。

翌二〇〇〇年一一月、現地に再度出かけておどろいた。SBLCは集落横の側溝クリークを高度の砒素汚染を残したまま、土砂を入れて埋め立てていたのだ。

「閉じ込められた砒素は、集落の地下水に凝縮されるだろう」。私は、目の前が暗くなった。

すると子どもたちが私に言った。「こっちに来て！」。

そこは側溝クリークが再度姿を見せている波打ち際だった。かつて見たこともない、極度に濃い黄褐色を呈している！　その水の採取結果は、砒素値四・八四ｐｐｍ、クロム値〇・二四五ｐｐｍだった（ＮＡＲＩによる分析）。子どもたちがいつも遊ぶ場所である。

黄褐色のある所では砒素もクロムも高いことが、次第にわかってきた。

5　日商岩井は責任を逃れてはならない

マタネコ集落の雨期はすさまじい。二〇〇一年二月には、濱部和宏氏（宮崎大学土木環境工学科博士課程）の協力を得て、豪雨の中で採取にあたった。この時期、ＳＢＬＣは加圧処理場操業を再開し、ＤＤ処理場でも防虫剤処理量を急増させていた。

防虫処理場方面からは集落に雨水が流れ入り、住民の小屋は床下浸水状態であった。その上を住民は裸足で歩いている。「かゆくてただれる」と、住民は訴える。このときの子どもたちの皮膚の状態は、潰瘍と糜爛で目も当てられなかった。医者の派遣が重要だと思った。現地ＮＧＯの男性も素足で歩いたため、激しいかゆみを訴えたほどである。

住民が飲料用・水浴用に使用してきたマタナブブル泉の湧き出し口の底に堆積していた泥からは二六二ｐｐｍ！という超高濃度の砒素値が検出された。この汚泥が泉に溶け出すと、飲み水基準（溶出基準〇・〇一ｐｐｍ）の一〇〇倍に相当する一ｐｐｍに達する。湧き出し口の水の砒素値も二・一八ｐｐｍで、飲み水基準の二一八倍であった（福岡市保健環境研究所、廣中博見氏の分析）。ＤＤ処理場と加圧処理場直下・周辺の土壌から、地下水系に至るまでの高濃度の汚染が浮かび上がってきた。

私たち「森を守る会」は、SBLCの松山清氏に公開質問状を提出したが、返答は長らくこなかった。実はこの間に、日商岩井はSBLCを売却して現地から撤退する計画を進めていたのである。平地の原生林はなくなりかけ、儲けのピーク時は終わっていた。奥地の伐採で経費もかさむいま、日商岩井はSBLCを切り離そうとしていたのである。しかし、丸太貿易は継続するという。

私たちは、引き続き日商岩井の責任を追及した。汚染の責任、汚染除去、防虫処理場からの垂れ流しの中止などである。これらを放置した無責任撤退は、許されない。

私は『週刊金曜日』誌上に投稿し、たまたまルポルタージュ大賞の報告文学賞を受賞したため、「日商岩井が汚染したマタネコ・クリーク」として、この問題が公表された（二〇〇一年五月一八日号）。『朝日新聞』（五月一八日）には、日商岩井による砒素垂れ流しが社会面に掲載された。続いて、現地の二大新聞が報道した。一連の報道によって、現地のOEC（環境保全オフィス＝環境保全省が名称変更）も現場の抜き打ち検査に入った。その結果、SBLCは防虫処理場の操業を一時的に停止した。

SBLCの太田靖郎社長は、私たちに正直に語った。

「私は、山での伐採と丸太輸出に集中していたんですよ。製材の防虫処理に注意を払う余地はありませんでした。養生期間、野ざらし厳禁も、知りませんでした」

原生林伐採という「本命」に集中する企業の実態がここにある。

松山会長は、「われわれは、世界的なエンジニアコンサルタント会社のARUPに、中立な調査を依頼します。それが終わってから、SBLCとしての見解を出します」と言う。

一方、OECの抜き打ち調査の結果は、ちょうど私たちが現地にいた二〇〇一年八月に出た。OECは、「森を守る会」とSBLCにその報告書を正式に同時に手渡した。報告書は、OEC独自の調査による泉の水からの高い砒素値の検出報告、「森を守る会」の調査への高い評価、SBLCに対する厳しい対策を迫るものだった。

「森を守る会」は、一層の専門的な調査を、二〇〇一年八月にアジア砒素ネットワークの砒素汚染調査の専門家である横田漠氏（宮崎大学土木環境工学科教授）、島村雅英氏、細田年晃氏に依頼した。調査は三週間にわたる徹底的なもので、地下水脈の等高線の作成と、地表および地下の汚染構造を解明するものとなった。

その結果、驚くべき悲しい事実が判明した。SBLCの一五年以上にもわたる垂れ流しの結果として、マタネコ集落全域の地下水帯水層に砒素やクロムなどが高濃度に蓄積されていることが判明したのである。

「DD処理場と加圧処理場から漏洩《ろうえい》した砒素・クロム・銅などの汚染物質は地下に浸透し、一部は土壌に吸着され、一部は地下水に溶出し、その流れに乗ってマタネコ集落全域を汚染した」と報告書は記している[3]。

マタネコ集落の地下水帯水層を形成しているのは軽石層（パミス）である。パミスは無数の穴があるため、汚染物質を吸着・蓄積しやすい。地下水が泉の口から地上に上がってくるときに、汚染物質も姿をあらわす。さらには、地下水位が集落の地下わずか七〇㎝前後の所にあるため、雨が降ると地下水帯水層の汚染物質も地下から集落に溢れてくる。防虫処理場から雨とともに集落に地表を流れ下ってくる汚染も加わる。

注目すべきは、泉の汚染に加えて、集落内住居の庭の地下水から、環境基準の約九倍にあたる〇・〇九一ppmの砒素汚染水が検出されたことである。住民は、いわば汚染の上に住んできたことになる。報告書によると、「すべての水のサンプルから、環境基準を超過する汚染値が検出された。砒素濃度が高い場所ではクロム・銅の濃度も高く検出された」とある。

土壌の砒素濃度は「土壌溶出量試験ではDD処理場の排水口や建物の間の土から環境基準（〇・〇一㎎／ℓ）の一〇倍から六〇倍（〇・五九㎎／ℓ）の砒素値（クロムも銅も高い）、加圧処理場直下から二一倍（〇・二一㎎／ℓ）、マタナブブル泉の黄褐色の底泥からは八倍（〇・〇八㎎／ℓ）の高濃度の砒素が検出された。黄褐色のペースト状の沈殿物に汚染物質が集積している」「土壌の含有量試験ではDD処理場周辺で日本の参考値（砒素五〇㎎／㎏）の五倍から三〇倍（一三六〇㎎／㎏）、加圧処理場直下で一三倍（六四〇㎎／㎏）、集落内マタナブブル泉の黄褐色のペースト状からは約三倍（一六九・六㎎／㎏。二〇〇一年二月の調査では約五〇倍の二六二〇㎎含有を確認）の砒素が検出された」とある。

報告書は、「汚染源はSBLCの加圧処理場とDD処理場である」ことを科学的に証明した。

日商岩井は、SBLCを売却する相手であるマレーシア企業に、こうした砒素汚染問題を伏せていた。二〇〇一年八月に現地で会ったマレーシア企業の責任者は、「日商岩井は、汚染除去などの責任を取ってから撤退すべきだ」と私に語った。

日本の木材防腐処理業界の専門家である日本木材防腐工業組合の石田英生技術委員長は強調する。

「日商岩井のようなずさんな操業をおこなえば、日本では当然操業中止ですよ！」

私は現地調査の最後に、松山会長を黄褐色の浮遊する側溝クリークに連れて行った。

氏は、「汚いね！　これ人糞じゃないの？」と言う。私は、丁寧に答えた。

「ここに、高濃度の砒素とクロムが蓄積されているのです」

さらにマタナブブル泉の湧きだし口にともない、黄褐色の浮遊物と沈殿物を見せた。氏はさすがに青ざめて呟いた。

「スタッフは、どうして私にこのことを言わなかったのだろう……」

「日商岩井もＳＢＬＣも汚染の責任を認め、汚染除去を一刻も早くすべきです」。私はきっぱりと言った。

子どもたちは、いつも私たちの調査について来る。マンゴーを手渡してくれたあのつぶらな瞳が、その日は、松山会長と泉に真っ直ぐに注がれている。氏は言った。

「つぶらな瞳に見つめられると、かなわんな」

数々の調査報告書により、現在、日商岩井とＳＢＬＣは汚染の事実は認めている。また、汚染除去をする意向も表明している。しかし、汚染の責任は認めていない。

「森を守る会」は、核心となる汚染責任を認めさせることを含め、汚染除去を中心とする交渉を継続している。

（1）詳細は、清水靖子『日本が消したパプアニューギニアの森』明石書店、一九九四年、清水靖子『森と魚と激戦地』北斗出版、一九九七年、参照。パプアニューギニアに群れ集ってきた商社は、日商岩井をはじめ、三菱商事、住友林業など二〇社を越える。その丸太の不正取引の数々は、現地政府の「木材産業に関する調査委員会」によっても明らかにされてきた。
（2）この開発協力事業については、清水靖子・宮内泰介「開発協力という名の熱帯雨林伐採」『検証ニッポンのODA』コモンズ、一九九七年に、詳細を書いたので参照されたい。
（3）横田漠、島村雅英、細田年晃『パプアニューギニア――ニューブリテン島におけるＳＢＬＣ製材所周辺およびマタネコ集落のヒ素・銅・クロム汚染調査報告書』二〇〇二年四月二六日。

第4章 人権抑圧に荷担した天然ガス開発借款●インドネシア

佐伯　奈津子

1　人が生きたまま焼かれるのを見た

【証言】

「わたしの夫は、独立運動に関与していると疑われて、一九九〇年ごろから軍に追われていたの。それで夫はマレーシアに逃げたのだけど、夫を捕まえられなかった軍は、わたしを連行したのね。特殊部隊だったわ。

軍に捕えられたとき、「ゲルワニ！」(1)とか、「治安攪《かく》乱分子！」などと怒鳴られたわ。死ぬかと思った。捕えられていたランチュン・キャンプで、人びとが殴られるのも、生きたまま焼かれるのも見たわ。人の叫び声が聞こえると、一緒に閉じ込められていた女の子たちと、外を覗いていたの。彼女たちは、おじさんが軍に撃たれたのに逃げおおせたというので、やっぱり連行されてしまったのね。老人が自分の息子の前で殴られているのも、見た。もう頭も真っ白の老人なのよ。夫は、九六年にマレーシアから戻ってきたの。一晩だけ家にも来たわ。でも、それが軍に知られて、九七年三月に撃たれて殺されました。わたしは妊娠していたのだけど、その子どもも、もう死んでしまいました。わたしの記憶に残っている夫は、朝と昼、わたしが仕事に行くのを送り迎えしてくれて、夕方には一緒に田んぼに行って、夜は集会所で祈る、そんな人だったのに……」

「九〇年ごろ、イスラーム寄宿塾の先生が、ぼくたちの目の前で軍に連行されてしまった。独立運動とは何の関係もなかったのに。三カ月後、先生の遺体が発見されて、みんなで引き取りに行ったんだ。口に向けて発砲され、弾丸は後頭部に貫通していた。手首から上の部分の肉が削げ落ちて、骨が見えていたし、爪はすべて剥がされ、腕は縛られたままだった……。

先生と一緒に連行されたうちの一人が、あとで逃げてきて、先生たちがランチュン・キャンプで拷問されていたことがわかったんだ。三カ月の間、ふつうの食事が出されたのは三回だけ。あとはバナナの皮や、熟していないパパイヤなんかを食べさせられたらしい。

そのとき逃げ出せた彼も、また捕まって、殺されてしまったよ」

2　拷問キャンプと日本の国家プロジェクト

ランチュン・キャンプ――アチェの人びとは、この言葉に怯える。ランチュンに連れて行かれれば、生きて戻れないかもしれない。連れられた人は残虐に拷問され、殺される。

人びとは、ランチュンと聞いただけで、インドネシア軍に痛めつけられる犠牲者の叫び声が聞こえてくるような気がするという。犠牲者のなかには、息子がいるかもしれない。夫が、父が、兄が、弟がいるかもしれない。友人かもしれない。村から男が消えるたび、女たちは不安で眠れない夜を過ごす。探しに行きたくても、軍が怖くて家から出られない。女たちは、男に比べて連行、誘拐される危険性は少ないが、それでも治安部隊による略奪や性的暴行の犠牲になるかもしれないという恐怖に、常にさらされている。

ランチュン・キャンプは、スハルト大統領時代、独立運動掃討の名目で軍事作戦が展開されてきたアチェ特別州（現在はナングロー・アチェ・ダルサラム州）北アチェ県にある。いくつか知られている軍の「拷問センター」のなかで、もっとも悪名高いものだ。スハルト退陣後の九八年八月、アチェは軍事作戦地域から解除され、ランチュン・キャンプも壊された。しかし、二〇〇一年に住民から聞いたところでは、その後、また復活したようだ。「住民が連行され拷問を受けた」「釈放のために多大な保釈金を要求された」といった証言を、わたしはすでに何件か聞いている。しかし、その実態について、地元の人権団体は調査できずにいる。

このランチュン・キャンプのあるアルンLNG（液化天然ガス）プラントが、七四年に締結された日本のODAによって建設されたことを知っている人は少ない。日本の外務省アジア大洋州局南東アジア第二課インドネシア担当役人ですら、「え、そうなんですか？」という反応だ。インドネシアに

76年6月	JILCOの融資分でまかなわれるガス処理、液化プラント建設などの費用が増加、3億2200万ドルの追加融資
77年5月	アルンでコンデンセート油(*)生産開始
78年8月	アルンLNG第1トレイン(**)生産開始（第2トレインは9月、第3トレインは79年2月）
81年4月	東北電力、東京電力、三菱商事がプルタミナとアルンLNG売買契約を結ぶ（84年1月から20年間）
6月	東北電力（60%）、東京電力（30%）、三菱商事（10%）が、アルンLNGプラント増設プロジェクトに対するファイナンス業務、LNG輸入代行業務をおこなう会社として、インドネシア・エル・エヌ・ジー（イナルコ）を設立（佐々木学社長）
82年	アルンLNG増産（第4、第5トレイン建設）を千代田化工建設と三菱商事が請け負う
83年10月	アルンLNG第4トレイン生産開始（第5トレインは1984年1月）
86年10月	アルンLNG第6トレイン生産開始（第6トレイン建設は日揮が請け負う） アルンLNG韓国に輸出開始
88年8月	アルン液化石油ガス（LPG）輸出開始（開発がはじまったのは、87年2月）
90年	アルンLNG台湾に輸出開始

(注)＊凝縮油、天然ガソリン。
　　＊＊天然ガスを圧縮、液化し、液化天然ガスを製造する施設。
(出典)アルン社資料、当時の新聞記事などをもとに作成。

おけるＬＮＧ開発を支援した当時の日本政府が、ＬＮＧの開発と導入を「ナショナル・プロジェクト」として取り上げ、推進していたことを考えると、隔世の感がある（というと当時を知っているようだが、わたしは生まれていない）。

アルンの天然ガスは七一年、プルタミナ（国営石油公社）の依頼を受けたアメリカのモービル・オイル社（現エクソン・モービル社）が発掘した。日本とアメリカ西海岸に輸出するため、日本・アメリカ・インドネ

表1　インドネシアからのLNG輸入略史（1971〜1990年）

時　期	項　目
71年	モービル・オイル社がアルン・ガス田を発掘
72年5月	佐藤栄作＝スハルト会談で石油借款とLNG借款が急浮上（「政治借款」）
73年3月	アルン天然ガス開発でプルタミナとモービルが合弁計画に調印
9〜10月	「インドネシアLNG導入使節団」（通産省、日本輸出入銀行、石油開発調査団、東京電力、関西電力、中部電力、大阪ガス、東京ガス、日商岩井など）が開発現場を視察
11月	ラディウス商業相が来日、LNGの対日供給の見返りとして経済協力援助を要請
	日本政府、LNG導入をナショナル・プロジェクトとして取り上げ、推進する方針を決定、両角良彦通産相顧問を政府特使として派遣。自民党も「インドネシア協力使節団」（根本龍太郎団長）を派遣
12月	関西電力、中部電力、九州電力、大阪ガス、新日本製鉄がプルタミナとLNGの輸入契約に調印
74年1月	田中角栄首相インドネシア訪問、一連の資源開発計画についてスハルトと会談。ジャカルタで反日暴動（マラリ事件）
3月	LNG借款交換公文署名。LNG輸入を予定している関西電力、中部電力、九州電力、新日本製鉄、大阪ガス、日商岩井、日本興業銀行などでLNG輸入窓口である日本インドネシア・エル・エヌ・ジー（JILCO）を設立（上野幸七社長）

シアの三国は共同で、アルンと東カリマンタン州バダックのＬＮＧ開発をおこなうことになった。

日本からのＬＮＧ開発借款が正式に決まったのは、七四年一月、田中角栄首相（当時）がインドネシアを訪問したときである。このときジャカルタでは、学生らが日本のインドネシアへの経済侵略に対して反日デモを展開、大規模な暴動にまで発展する事態となった（マラリ事件）。田中首相とスハルト大統領（当時）という二人の「大物開発屋」

表2　インドネシアからのLNG輸入契約

（単位：万t）

契約名	購入開始／期間（原契約）	契約数量	買　主（数量）
73年契約	2000／11年（1977／23年）	845	関西電力(257)、中部電力(215)、九州電力(156)、大阪ガス(130)、新日本製鉄(63)、東邦ガス(24)
バダック増量契約	1983／20年（さらに8年延長予定）	352	中部電力(165)、関西電力(88)、東邦ガス(55)、大阪ガス(44)
アルン増量契約	1984／21年	352	東北電力(301)、東京電力(51)
（延長）	2005／5年	96	東北電力(83)、東京電力(13)
バダックIV契約	1994／20年	230	大阪ガス(127)、東京ガス(92)、東邦ガス(11)
地方ガス契約	1996／20年	40	大阪ガス、広島ガス、日本ガス(3社で40)

（出典）経済産業省のデータをもとに作成。

が、ＬＮＧ開発借款と並んで話し合っていたのが、アサハン・アルミ精錬所建設計画への協力問題、[2]そしてロンボク島、スマンカ島（北スマトラ）での大型石油備蓄中継基地建設問題（のちに頓挫）だった。これらはすべて、天然資源に絡んだプロジェクトである。ＯＤＡは、「天然資源外交」の切り札だったのだ。

七四年三月、五六〇億円（アルンに三一八億円、バダックに二四二億円）の円借款に関する交換公文が締結され、日本は、七七年から九七年まで年間七五〇万ｔのＬＮＧを輸入することを決めた。[3]ＯＤＡと同時に、日本輸出入銀行および市中銀行一六行（日本興業、三和、富士、三菱、住友、三井、大和、東海、東京、日本長期信用など。行名はすべて当時。以下同じ）の協調融資として、日本インドネシア・エル・エヌ・ジー（ＪＩＬＣＯ）を通じて、プルタミナに対し、八億九八〇〇万ドル（約二六二三億円）が融資された。JILCOは、LNG輸入を予定している関西電力、中部電力、九州電力、新日本製鉄、大阪ガス、日商岩井、日本興業銀行などが設立した輸入窓口会社で、LNG精製をおこなうアルン社の株を一五％保有している[4]。

折しも石油ショックの時期である。エネルギー価格が高騰し、代替エネルギー開発の必要性が認識されていた。さらに、高度経済成長とベトナム特需の余剰資金で、日本企業は大型プラントの輸出に狂奔していたともいう[5]。そのような状況下で、開発費用からプラント建設、さらにLNGの輸入までを日本がまかなったLNG開発は、まさに「ナショナル・プロジェクト」だったのである。

と同時に、インドネシアにとっても、石油・LNG開発は「カネのなる木」と言って過言ではない。輸出額のうち、石油、LNG、石油製品が占める割合は、七五年当時なんと七三・八％にものぼっていた。八〇年代半ばごろから、石油国際価格の暴落、産出量の頭打ちなどで、脱石油化と工業化がはかられるようになったとはいえ、石油・LNG産業が主要な産業であることには変わりがない。九八年における世界LNG貿易の三一・九％を、インドネシアが占めているくら

表3　インドネシアの石油・ガスの輸出額の推移

（単位：100万ドル、％）

年度	輸出額（FOB）	石油・ガス	
			構成比
1970／71	1,204	384	36.8
1975／76	7,146	5,273	73.8
1980／81	22,885	17,298	75.6
1985／86	18,612	12,437	66.8
1990	25,675.3	11,071.1	43.1
1995	45,418.0	10,464.6	23.0
2000	62,124.0	14,366.6	23.1

（出典）1985／86年までは三平則夫・佐藤百合編『インドネシアの工業化——フルセット主義工業化の行方』アジア経済研究所、それ以降はインドネシア中央統計局のデータをもとに作成。

いだ。ちなみに、アルン社からの収益は年間三一兆ルピア（約四〇〇〇億円）を下らないという。[6]

3　肥沃な土地の貧しい人びと

在インドネシア日本大使館がおこなった「経済協力評価報告書（平成七年度）」では、アルンのLNG開発事業について、（一）案件の維持・管理状況、（二）案件の選定・形成の適正度、（三）当初目的の達成度及び効果、（四）環境への影響の四点が評価されている。[7]

報告書にあるように、このプロジェクトがインドネシアにとって「石油と並ぶ貴重な外貨獲得源となり、インドネシアの開発に貢献した」ということは否定しない。「年産一二〇〇万トンまで能力が増強され、（中略）世界のLNG供給の二〇％を占め」たのも事実だろう。

しかし、「アルン地区周辺には、（中略）町があるため労働力供給の点で十分」「計画に際し十分な環境アセスメントが行われ、自然環境の保護を優先すると共に、周辺住民に対し悪影響が生じないよう配慮がなされている」となると、首をかしげざるを得ない。現場から聞こえてくる声が、まったく違うものだからである。

【証言】

「七〇年代、アルン社に村の土地を一五〇haとられたんだ。そこにはマングローブの生える豊かな川が流れていて、魚や貝もとれたし、生活していくのに十分だったよ。

アルン社は、おれたちが海まで魚を獲りに行けるよう、水路を造ってくれたけど、村の土地が、この水路の波にのまれてしまってね。前は、海に一番近い家でも四〇〇m離れていたのに、いまや五〇mだよ。エビの養殖池もなくなってしまった。ヤシの木も波にのまれてしまった。アルン社が井戸を三つ、ヤギ一〇〇頭を支給してくれたことがあったけど、村がなくなってしまうかもしれないのに、そんな支援をしてもらっても仕方ないよ。早いところ、水路に防波壁を造るとか、川底を深くするとかしてほしいんだけどね」

「海で漁をしていても、かなり遠くまで行かないと、魚は獲れなくなったなぁ。排水のせいだと思うよ。天然ガスを液化するときに使った冷却水を海に流しているもんだから、水温が上がって魚が死んだり、病気になったりしたんだね。網を投げても、アルン社のパイプに引っかかってしまうこともあるし、たいへんだよ。九九年七月、海で漁をしていたら、激しい雨が降ってきたんだ。危ないっていうんで、アルン社の港が近かったし、そこに逃げようとした。そうしたら、治安部隊に発砲されたんだ」

「この村には、七七五世帯三八八五人が生活しているけど、誰ひとりアルン社で雇われていないよ。大学を卒業しても、勤務できないんだから。一番ジャカルタにカネを送っているのに、なんで、われわれアチェ人は、こんなに貧しいんだ？」

※証言は、すべてアルン社に隣接する北アチェ県A村で九九年二月と八月に筆者が聞き取りしたもの。

アルン社のある北アチェ県の村々を歩いていると、この土地が非常に肥沃であることが感じられる。

田植えの季節には、見渡す限りの青々とした水田が広がる。家々から少し離れた畑には、キュウリやトウガラシなどが植えられ、ドリアン、マンゴー、パパイヤ、ランブータンなどの果物がたわわに実る。みなで農作業をしたあと、水田や畑のなかに建てられた高床式の小屋に上がって食べるスイカやキュウリのおいしいこと。ドリアンの季節、村に客があると、人びとが集まってきて、何十個もほおばりながら、みなで冗談を言い合う楽しい時間もある。

海の資源も、また豊かだ。漁民の声は一般に大きいものなのだそうだが、たしかに彼らが魚を運んできた魚市場の活気たるや、すさまじいものがある。漁船も、かなり立派だ。幹線道路を走っていると、伝統的なエビ養殖池も広がっている。

野菜、果物から、コーヒー、コショウ、木材、そしてエビなど、輸出もできるあらゆる資源が得られる。本来なら、アチェで人びとは豊かに暮らせるはずだった。

しかし実際は、アルン社の開発が、この地域の人びとの貧困感を募らせることになった。単に感覚の上だけではなく、数字の上でも「貧困」は明らかだ。アチェ州統計局によれば、北アチェ県における九三年の貧困層人口は、一三万六〇一六人、人口に占める割合は一四・三八％だったが、九八年には四〇万六六五六人、三九・三七％に増加している（ただし九八年はアジア通貨・金融危機の影響の可能性もあると考えられる）。ほかのODAプロジェクトでもしばしば登場する問題が、ここでも起きている。土地収用と補償金、雇用、そして環境の問題だ。

証言からわかるように、広大なアルンLNGプラントを建設するため、村の土地が収用された。七〇年代半ばのことであり、村の人びとの記憶はあいまいだったため、正確な補償金の額についてはわからない。しかし、全員が口をそろえて「補償金は、土地の評価価格に合わないほど安いものだった」と言っている。六つの天然ガス精製トレインに加え、港湾施設まで備えるアルン社の敷地面積を調べることはできなかったが、アルン社に沿って走る幹線道路を車で飛ばして、端から端まで二〇分以上かかるということから、その巨大さを想像してみてほしい。

雇用についても、日本大使館の評価報告書と、住民の証言が大きく食い違っている。アチェ人がまったく雇用されていないわけではない。ただし、正規の職員として雇用される場合、広報に配属されることが多いそうだ。地元の人を雇用していることを「宣伝」するためだろうか。ほとんどの場合、守衛や掃除夫といった正規職員でない職しか開放されておらず、隣の北スマトラ州の州都メダンやジャカルタなどの都市から正規職員が送られてくる。

わたしがアルン社を訪問して何よりおどろいたのが、プラント近くにある職員居住区であった。ひとつの丘を囲い込み、西洋風の住宅のほか、ホテル、スーパー、銀行、学校から、ゴルフ場、ボート池まで備える。この居住区の入り口には、常時、自動小銃を下げた兵士が数人たむろしている。なかに入るためには、身分証明書を提示しなくてはならず、周辺の住民が入るのを見たことはない。

環境破壊の問題もある。精製した残りのガスを燃やす際の煙による大気汚染だ。野菜や果樹などが枯れる、呼吸器疾患などの病気になると、村の人びとは訴えている。アルン社ではなく、エクソン・モービル社のケースだが、九〇年ごろ、工場が流した排水がある村のエビ養殖池に流れ込み、養殖エビが全滅したこともあったという。村の人びとは補償を求めて裁判を起こしたが、却下された。そのうえ、軍がやってきて、村長が殴られたともいう。

4　LNG開発援助でアチェ紛争を助長した日本の責任

北アチェ県には、天然ガスを利用した二つの肥料工場(8)、そして元大統領スハルトの取り巻きが経営していた木材伐採・製紙工場もある。アルン社、エクソン・モービル社を加え、「基幹プロジェクト」と呼ばれている。この基幹プロジェクトを中心としたアチェ開発は、決して人びとを豊かにすることはなかった。むしろ、開発が人びとの土地を奪い、環境を破壊し、開発のために移住してきた外部の人との間に経済格差を招く結果となっている。この開発の負の側面と、「ジャカルタ体制による政治的コントロールからの自由と独立」をめざして、七六年にGAM（自由アチェ運動）が立ち上がるのは、決して無関係ではないだろう。

アチェの人びとが公正な資源の配分を求め、自分たちの生活を守ろうと声をあげても、インドネシア政府が耳を傾けることはなかった。それどころか、外国からの投資、開発を守らなくてはならないインドネシア政府は、GAMを掃討するという名目で大量の治安部隊を投入する。基幹プロジェクト周辺は、とくに重点的に警戒された。工場敷地内に軍の駐屯地、監視ポストなどが設けられた。その有名なものが、冒頭のランチュン・キャンプである。

ちなみにエクソン・モービル社は、軍が殺害した人びとを埋めるため、天然ガスを採掘する機械を軍に貸し出したと言われている。こうして、GAMメンバーである、もしくは支持者であると非難され、多くの人びとが不当逮捕、拷問、誘拐、虐殺などの人権弾圧を受けていった。

スハルト退陣後、アチェの人びとは、それまでの人権弾圧について声を上げるようになった。しかし政府・国軍の対応は、いままでと同じ、武力による弾圧だった。いま、アチェの人びとは、インドネシアから独立しないと生命が脅かされるという思いを強めている。結局、日本のODAプロジェクトが、独立運動とそれにつづく一連の人権弾圧を生み出し、育てていったと言っても過言ではない。

二〇〇一年三月九日、エクソン・モービル社は、治安が不安定であることを理由に、すべての活動を停止した。報道によれば、「独立派武装勢力のGAMに五〇億ルピアの資金提供を要求されたのが原因」（地元日刊紙『セランビ』二〇〇一年三月一〇日）という。しかし、GAM側は、エクソン・モービルを敵視したり、資金提供を要求したりしたことはないと主張している。またアチェの人びとのなかでは、「警護のためのインドネシア治安部隊への謝礼[9]を、エクソン・モービルが支払いきれなかったのではないか」「イリアン・ジャヤ州でおこなおうとしている天然ガス開発に入札なしで参画しようとしたエクソン・モービル社が、アチェでの操業停止を政府との交渉の道具にしようとしたのではないか」などと、まことしやかにささやかれていた。

どちらが真実なのか、わたしたちには知るすべはない。ただ明らかなのは、この事件をきっかけに、これまでの国軍一大隊（約七〇〇人）では足りないとして、三大隊以上の国軍兵士が派遣されたことである。さらに、当時出はじめていた、独立運動掃討のために軍事アプローチが必要ではないかという議論への追い風にもなったらしい。翌四月には、アチェ問題解決のための大統領令第四号が出され、限定的軍事作戦が開始された。

一方、エクソン・モービル社操業停止は、日本にもさまざまな波紋を投げかけた。『電気新聞』（日本電気協会新聞部、二〇〇一年三月一六日）に、このような記事が出ている。

「インドネシアLNG基地を独立派武装勢力が制圧──東北電力が緊急対策本部を設置／インドネシアのアチェ特別州で操業している天然ガス生産基地・アルンガス田が独立派武装勢力に制圧され、天然ガス生産者の米エクソンモービル社がガス田の操業停止を決定したことを受け、東北電力は十五日、LNG緊急対策本部（本部長＝八島俊章社長）を設置した」

東北電力は、東京電力とともに、八四年一月より、アルンから年間約三五二万t（東北電力約三〇一万t、東京電力約五一万t）のLNGを買い付けてきた。契約は、二〇〇四年一二月までで、その後は東北電力約八三万t、東京電力約一三万tと大幅に減少されるとはいえ、アルン側にとっては重要な買い手だったのだろう。東北電力のプレス・リリース（三月一五日）によると、三月一三日、プルタミナ副総裁とエクソン・モービル社副社長が来日し、状況説明があったという。

日本のLNG供給源がアジア太平洋地域に分散されていること、LNG火力ではなく石油系火力発電所の稼働率を高めたこと、当面のLNG貯蔵量が十分だったこと、春先で冷暖房が必要なかったことなどの理由から、エクソン・モービル社操業停止が電力の供給支障につながることはなかった。だが、この事件は、一方で、エネルギー資源を輸入に頼らなくてはならない日本という国家のあり方を露呈させたとも言える。

中谷元《はじめ》防衛庁長官は、二〇〇〇年九月にジャカルタを訪れ、スシロ・バンバン・ユドヨノ政治安担当調整相との会談でこう述べた。「とくにマラッカ海峡における海賊など犯罪行為を撲滅するため、インドネシアと協力したい」(インターネットニュース"detikcom"二〇〇一年九月一一日)。もし、アチェにおける独立運動の勢力が増し、LNG生産が止まったり、中東からの石油タンカーの通り道であるマラッカ海峡を押さえられたりしたら……。エネルギー資源の少ない日本にとって、死活問題になるだろう。この地政学的な理由、インドネシアは資源が豊富であるという理由こそ、インドネシアの政権がいかに腐敗していようと、いかに抑圧的であろうと、日本が過大なODA、投資をつぎこみつづけてきた理由なのではないか。

LNG開発のために、アチェの人びとは生活の場を奪われ、より大きな貧困感にさいなまれなくてはならなくなった。LNG開発を「守る」治安部隊によって、人権弾圧の犠牲にもなっている。[10] それらを、自国の利益のために日本が支えつづけてきた。しかし、日本の責任は、これまで問われずにいる。

(1)　インドネシア共産党傘下の婦人運動団体。六五年九月三〇日事件以降、共産党は非合法になっている。

(2) 福家洋介・藤林泰編著『日本人の暮らしのためだったODA』コモンズ、一九九九年。
(3) 通商産業省通商政策局『経済協力の現状と問題点 一九七六年』によると、協力の内容は、LNGプラントの関連インフラ整備、相手国実施機関はプルタミナ。有償資金協力、アンタイド、金利年三%、償還期間二五年、うち据置七年。供与取極年月日(E/N署名日)は七四年三月一六日、L/A締結日は七四年九月二〇日。
(4) 在インドネシア・アメリカ大使館のデータによると、LNGプラントの株主は、バダックについてはプルタミナが五五%、Vico二〇%、Total一〇%、JILCO一五%、アルンについてはプルタミナ五五%、エクソン・モービル三〇%、JILCO一五%。
(5) 鶴見良行『アジアはなぜ貧しいのか』朝日新聞社、八二年。
(6) Al Chaidar, Sayed Mudhahar Ahmad & Yarmen Dinamika, *Aceh Bersimbah Darah : Mengungkap Penerapan Status Daerah Operasi Militer* (*DOM*) *di Aceh 1989-1998*, Pustaka Al-Kautsar, 1998, p.xviii.
(7) 外務省ウェブサイト(http : //www.mofa.go.jp/mofaj/gaiko/oda/kunibetu/gai/h 07 gai/h 07 gai 32.html)で入手可能。
(8) うちひとつは、やはり日本のODAで建設されたアチェ・アセアン肥料社の工場。
(9) 現地の人権団体の調べによると、エクソン・モービル社が軍・警察に支払う謝礼は月に五〇億ルピア(約六九〇〇万円)以上、兵士・警官一人に支払う謝礼は日に四万ルピア(約五五六円)にのぼり、さらに輸送、監視所、兵舎、無線、電話、寮などの費用もまかなっているという。
(10) 二〇〇〇年のアチェの死者は約一〇〇〇人、二〇〇一年一〇月までの死者は一二〇〇人以上にのぼる。そのほとんどが民間人である。

第Ⅱ部 変わる？ ＯＤＡ

借金について話し合う東北タイ、コンクン県の農民たち（撮影：高橋清貴）

第5章　拡大するカネの流れと人びとの生活

1　日本の「顔の見える」から、地域生活者に「耳を傾ける」へ

長瀬　理英

一　ひもつきから内向きODAへの流れ

日本のODAに対する内外の批判の一つは、その商業主義的性格にあった。つまり、日本の円借款プロジェクトに必要な機器の調達や建設工事を日本企業だけが受注できて輸出振興に寄与するだけでなく、これを足がかりに当該国での市場開拓にも役立てているという点が強く批判されたのである。

こうしたタイド（ひもつき）援助の批判を受け、日本政府は他諸国の企業も入札に参加できる一般アンタイド（ひもなし）案件の割合を、一九九〇年代初頭以降一〇〇％近くまでに拡大した。そのことで日本企業の受注率も約三割弱に減少し、「世界に開かれたODA」であることを誇ってきた。

ところが、ここ数年で調子が変わってきた。円借款の一般アンタイド率は九六年度、九七年度にそれぞれ一〇〇％、九九％だったが、九八年度は九一・五％、九九年度は八三・一％へと減少した。外

務省はこれに関連して、日本企業の受注率が低いと政財界を中心に指摘されていることに、次のように反論している。

過去五年間の日本企業受注率の平均が約二割というが、「日本企業の主要関心部分ではない」現地通貨建て費用を除いた場合は四割程度に増加し、「日本企業が特に関心を有する規模の大きな契約（一〇億円以上）に限れば、日本企業はそのうち約八割に応札して、その約六割を落札している」[1]

このような正反対の主張がおこなわれるようになったのは、なぜだろうか。

一番大きな理由は、九七年度予算でＯＤＡの伸び率が大幅に圧縮されたことにあろう。これを受けた形で、外務、大蔵、通産、経済企画のＯＤＡ主要関係省庁のうち、大蔵省を除く三省庁は、相次いで、それまで量的拡大路線にあったＯＤＡについて見直しを開始した。ＯＤＡ予算の確保には「国民」の支持が不可欠ということであり、これには産業界から強く求められた日本企業の救済という側面も含まれる。

そこで、商業主義に対する批判を意識して、日本の「顔の見える」援助という言い方で化粧を施しながら、日本企業の「顔を見せる」事業を増やしてきた。経済のグローバル化による大競争時代に、「国益」を確保するためのＯＤＡの役割を重視し、投資・貿易の自由化が進展するなかで日本企業の投資・貿易を後押しするような動きを強めてきたのである[2]。

このように、日本政府はＯＤＡに関して顔をいっそう国内に向けているが、それによってＯＤＡを受け取る国の人びとに悪影響は出ていないのだろうか。

図　日本の途上国に対する資金の流れ（支出純額・米ドルベース）

(単位:100万ドル)

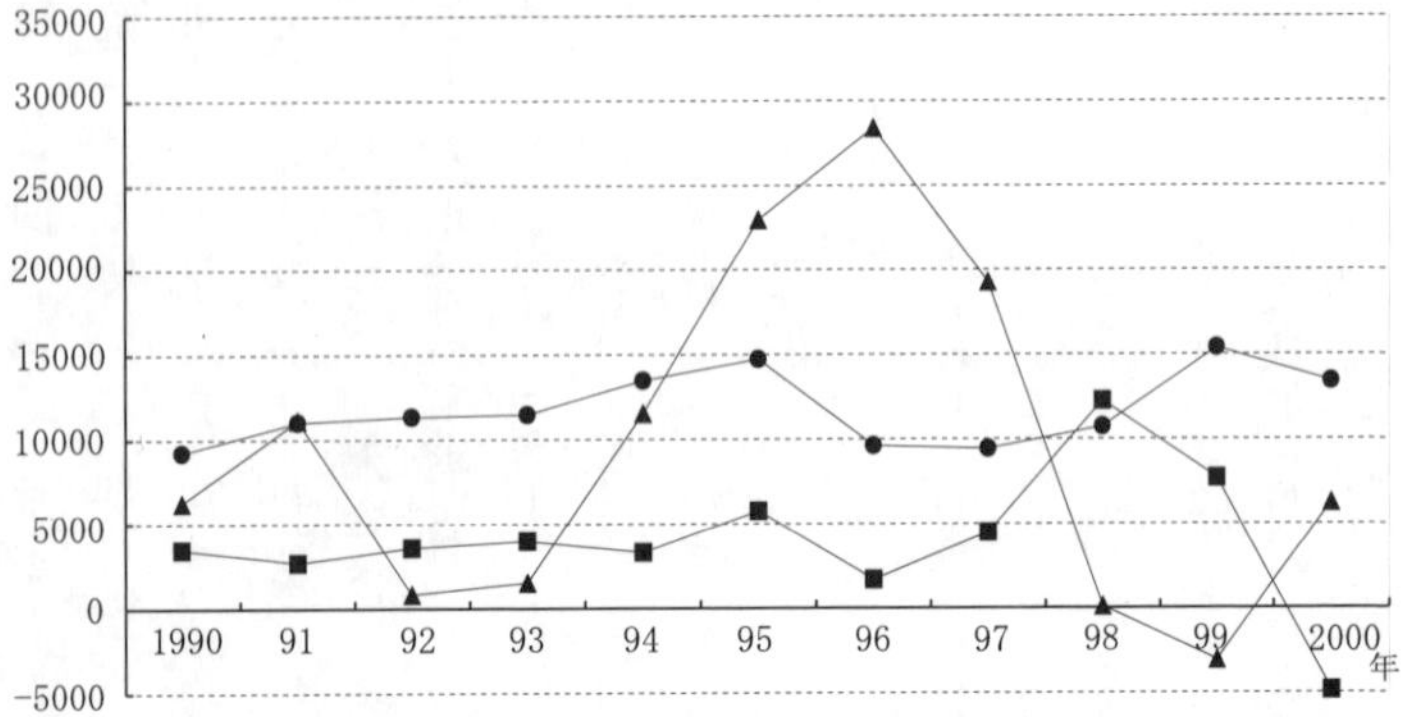

(注) ━●━ ODA、━■━ ODA 以外の政府資金（OOF）、━▲━ 民間資金（PF）。
(出典) 外務省経済協力局編『我が国の政府開発援助』各年版（2000 年を除く）および財務省「2000 年における開発途上国に対する資金の流れについて」（2000 年）から作成。

二　民間資金に対する補完的役割の強まり

上の図は、日本の途上国に対する資金の流れがどのように推移してきているかを示している。

とくに目立つのは、民間資金（ＰＦ）の流れが大きく変動していることだ。九四年から急激に途上国に流入した民間資金は、九六年をピークに、その後は階段をころがり落ちるように激減し、九九年にはマイナス、すなわち途上国から日本への民間資金流入のほうが上回る事態となった。これは投資家から「エマージング・マーケット（新興市場）」と呼ばれ、高い経済成長をつづけていたアジア諸国、とくにインドネシア、タイ、フィリピン、マレーシアなどが、九七年半ばにはじまるアジア経済危機に直面していく軌跡と一致する。民間資金にも、長期的な観点から投資され、安定的な直接投資や、それとは反対に一般に短期的な観点からおこなわれる銀行融資までさまざまあるが、この図のような大きな変動を生じたのは主として短期の銀行融資だった。つまり、邦銀は高い収益性が見込める各国に短期融資を拡大してきたが、アジア経済危機が広がると、それらの融資を相次いで引き上げてきたわけだ。

そして、危機に直面した諸国から引き上げられた日本の民間資金を補う形で、ODAやOOF（ODA以外の政府資金）といった公的資金が拡大した。ODAは九六、九七年と低い水準にあったが、アジア経済危機が発生すると増加に転じた。OOFも九八年に大幅増加したが、その後は低下している。OOFとは、借り手にとってODAより悪いが商業貸付よりは良い条件で融資される公的資金のことである（詳しくは一八七ページ参照）。外務省は、アジア経済危機に直面した諸国に対して、日本が表明した支援策をつぎの四つに大別している。[3]

（一）九八年一一月末までに具体化した支援策――約四四〇億ドル＝①IMFを中心とした国際支援パッケージ（一九〇億ドル）、②民間企業活動および貿易金融の円滑化（約二二五億ドル）など

（二）新宮沢構想――約三五三億ドル＝①短期資金支援（一五〇億ドル）、②中長期資金支援（一五〇億ドル）、③貿易保険・保証など（約五三億ドル）

（三）特別円借款――三年間で六〇〇〇億円（約五〇億ドル相当）

（四）その他支援策――約〇・二億ドル＝人材育成・現地研修など

こうした支援はもちろん、アジア経済危機に直面している諸国の経済を立て直すこと、危機により

表　新宮沢構想および特別円借款の主要案件

	中長期の資金支援		短期の資金支援	保証等
	アンタイドローン（OOF）承諾額	円借款（ODA）　承諾額		
インドネシア	輸出産業支援ツーステップローン** 10億ドル相当円 電力部門改革プログラムローン（ADB協調融資） 4億ドル相当円 政策改革支援プログラムローン（世銀協調融資） 1億ドル相当円 IMF拡大信用供与措置との並行融資 10億ドル相当円	ソーシャル・セーフティネット借款 452億円 保健･栄養セクター開発プログラムローン（ADB承諾ベース）協調融資 3億ドル相当円 ソーシャル・セーフティネット・プログラムローン（世銀協調融資） 6億ドル相当円 地方行政支援セクター開発プログラムローン（ADB協調融資） 1.5億ドル相当円 ジャワ幹線鉄道電化･複々線化事業（Ⅰ）* 410.34億円		
韓国	中小企業支援ツーステップローン 13億ドル相当円 エネルギーセクター支援アンタイドローン 2.5億ドル相当円 エネルギーセクター支援アンタイドローン 8億ドル相当円 インフラ／省エネプロジェクト等支援ツーステップローン 10億ドル相当円		短期金融ファシリティー最大限50億ドル	
マレーシア	輸出産業支援ツーステップローン 5億ドル相当円 インフラ事業支援ツーステップローン 4億ドル相当円	円借款7案件（火力発電所リハビリ、中小企業育成基金その他）1,141億円 ポートディンクソン火力発電所リハビリ事業（II）* 537.64億円	短期金融ファシリティー最大限25億ドル	JBIC保証（物流インフラ事業向け）7億ドル相当円

	中長期の資金支援		短期の資金支援	保証等
	アンタイドローン(OOF)承諾額	円借款(ODA)承諾額		
フィリピン	銀行システム改革プロジェクトローン(世銀協調融資) 3億ドル相当円 電力部門改革プログラムローン(ADB協調融資) 3億ドル相当円 フィリピン開発銀行を通じた民間部門育成ツーステップローン 5億ドル相当円	メトロ・マニラ大気汚染改善プログラムローン(ADB協調融資) 3億ドル相当円 円借款13案件(産業公害防止支援、コンテナ埠頭建設その他) 1,357億円 特別円借款6案件* 741.8億円		JBIC保証(電力部門政府機関向け) 5億ドル相当円
タイ	IMF拡大信用供与措置との並行融資** 40億ドル相当円 経済金融構造改革融資(世銀協調融資) 6億ドル相当円 製造業支援ツーステップローン 5億ドル相当円 製造業支援ツーステップローン 2.5億ドル相当円	経済復興・社会セクタープログラムローン 2.5億ドル相当円 農業セクタープログラムローン(ADB協調融資) 3.0億ドル相当円 円借款5案件(バンコック地下鉄、空港建設、 経済復興・社会セクタープログラムローン等) 1,158億円		貿易保険 5億ドル相当円

(注) ＊特別円借款(1999～2000年度まで)。上記の他に、ベトナム3案件(合計461.5億円)、中国2案件(合計172億円)、スリランカ1案件(51.5億円)を加えた2年度分合計約2375億円。
＊＊新宮沢構想に入らないもの。

(出典) 財務省「新宮沢構想の進捗状況(これまでに表明したもの)」(2000年2月2日現在)、米田篤裕「国際協力銀行のアジア支援策下の融資にかかる経済効果についての試算――アジア支援策を振り返る」『開発金融研究所報』第4号、2000年10月、国際協力銀行『円借款活動レポート2001』、その他より作成。

もっとも深刻な打撃を受けた社会的弱者の支援を主目的としていたが、各国で増加している日系企業に対する金融支援にも大きな留意が払われた。日本政府は二〇〇〇年三月末までで、深刻な影響を被ったタイ、インドネシア、韓国、フィリピン、マレーシアを中心に総額五兆二五〇二億円（承諾額ベース）の支援をおこなった。これを金融の種類別にみると、OOFに属すアンタイドローンが二兆一五五〇億円、ODAに属す円借款が一兆七二三三億円、現地日系企業の設備投資資金需要を主対象とした投資金融等が一兆三七一九億円となる。(4)

アンタイドローンは、各国の経済構造調整推進を条件に政府に資金支援したり、各国公的金融機関を経由して現地企業に資金を供給することが中心である。（一四八〜一四九ページの表で、案件名に「改革」がついているものは前者、「ツーステップ」――相手国の公的金融機関を通じることで「二段階」を経るという意味――がついている案件は後者に該当する）。

円借款は、新宮沢構想に基づくものと、特別円借款の二つに分かれる。前者では、インフラ整備とともに、アジア経済危機や構造調整でもっとも深刻な影響を受ける「社会的弱者対策」（一四八〜一四九ページの表では、インドネシアのソーシャル・セーフティネット、保健・栄養セクター関連や、タイの経済復興・社会セクタープログラムローン）も含まれた。特別円借款制度は、通産省（現経済産業省）が中心となって立ち上げたものである。三年間に限り総額六〇〇〇億円を上限として、インフラ整備や大規模災害対策を対象とした案件に、返済条件を最大限緩やかにして日本企業の「ひもつき」借款とするものだ。

投資金融は全体の四分の一を占めており、各国の日系企業を中心に資金を手当してきた邦銀に代わって公的資金を供給するという役割を果たす。さらに、新宮沢構想の枠組みでおこなわれた国際協力銀行の保証や通産省貿易保険（現在は、独立行政法人日本貿易保険）は総額一三億ドル弱と決して少なくない額だが、この供与も日本の企業・邦銀の投融資を促進する目的で実施されている。

三　内向きの援助による弊害

特別円借款制度は、二〇〇二年六月末をもって終了する。最終的にどうなるかはわからないが、同年一月現在では六〇〇〇億円の枠を半分程度しか使用していないようだ[5]。この制度は当初、対象国はアジア経済危機の影響を受けた諸国に限定されていたが、途中で中国やスリランカなど、ほとんど影響を受けていない諸国にも拡大された。同様に、対象分野も広がった。つまり、日本政府は、特別円借款の予算の消化が悪いために、こうした措置を採らざるを得なくなったものと思われる。

前述したように、特別円借款はタイド（ひもつき）とする代わりに、返済条件は他の円借款よりも大幅に緩やかなものとし、融資対象を各事業の総事業費の八五％にまで広げるなど、借り手にとって有利となるはずだ。それにもかかわらず、人気がないのはなぜだろうか。もっとも象徴的なのが、タイのケースである。タイはもっとも深刻な危機に直面した国の一つであるにもかかわらず、特別円借款を受けていない。

報道によれば、日本の要請にもかかわらず、タイは特別円借款にはメリットがないとして受入れを拒否した。タイ財務省の公的債務管理局は、「特別円借款は日本企業だけが潤い、タイにはメリットがない。これに頼らなくても、他に安くて有利な調達方法はあ(6)」ると述べたという。つまり、借り手にとっていくら有利な借入条件であっても、日本企業のひもつきとすることで肝心の事業費自体が膨らんでしまって、結局は高くついてしまうということだ。したがって、特別円借款制度を利用した諸国にはそれぞれの事情はあるだろうが、対外債務に苦しむ国の人びとに、不必要に高い買い物をさせているのではないかという懸念が生じる。

このような経緯、懸念があるにもかかわらず、日本政府は特別円借款制度を実質的に継続する。JBIC（国際協力銀行）は、二〇〇二年七月から「日本の優れた技術を活用して我が国の『顔の見える援助』を促進するべく、『本邦企業活用金利（仮称）』を導入する(7)」と発表した。その背景には、産業界からの強い要望があると思われるが、相手国の人びとにかける負担についてどのように考えているかは見えてこず、評価を避けたまま、内向きの要請にしたがってなし崩し的に拡大させている。

特別円借款は日本企業の「救済」という側面が強いが、「民活インフラ」（民間主導インフラ）という新しく出てきたビジネスチャンスをOOFおよびODAにより公的支援するのは、投資・貿易の自由化と公的部門の民営化の流れに沿ったものだ。経済成長をつづけていくためには、発電所などの生産基盤、道路などの物流基盤を整備していく必要があるが、財政難の政府にはそれだけの資金が用意できず、援助国・機関から借金するのも限界がある。そこで、政府機関など公的部門に代わって民間部門が中心となり、自ら資金を調達し、インフラを建設・運営するという方式が九〇年代に入り、途上国で急速に拡大していった。その中心となっているのは、民間主導のインフラ整備を経験してきた欧米諸国の企業であり、日本企業も追随している。これは、政府の財政負担を軽減するだけでなく、効率的なサービスを提供するための技術・能力が先進国から移転できるとも喧伝されてきた。

こうした民活インフラ事業に対する日本の公的支援はＯＯＦが中心だが、ＯＤＡが補完的役割を担ってきた。民活インフラ事業で相手国公的機関が実施する部分、民間にとって採算の取れない部分などへの支援である。たとえば、電力セクターの場合、発電部分は民間およびＯＯＦが、そこで生産された電力を需要家に届ける送配電部分はＯＤＡが供与されることがある(8)。

しかし、一八八ページ以降で発電事業の場合について詳細に論じているように、こうした民活インフラ事業には問題が生じている。まず、周辺住民や環境に及ぼす影響がある。財政難でお蔵入りしていた大規模事業が相次いで復活したり、巨大事業が新しく立案、実施に移された。これを可能としたのがプロジェクト・ファイナンスという資金手当の手法で、民間事業主体は、より少ない自己資金でより大きな資金を集めることができるようになった(9)。大規模事業であればあるほど、周辺住民や環境に及ぼす影響も大きくなる傾向があるのに加え、社会・環境配慮よりも民間事業主体・投資家や貸し手の資金回収あるいは収益性の確保が大きく優先されている。

しかも、期待されたサービスの効率化による料金の引下げというよりは、割高になる場合が往々にしてある（一九二一〜一九五ページ参照）。これも基本的には、民間事業主体の資金回収・収益性確保が最優先されるためだ。以上の点から浮き彫りとなるのは、主として先進国企業にとっての「ビジネスチャンス」という民活インフラの性格である。

四　社会的弱者支援の問題点

それでは、援助側の利益追求とは無関係のように見える貧困層などの社会的弱者に対する支援についてはどうだろうか。

インドネシア最高検察庁は二〇〇二年三月七日、アクバル・タンジュン国会議長（ゴルカル党総裁）を公金流用容疑で逮捕した。同議長が国家官房長官当時の九九年、食糧調達庁が支出したソーシャル・セーフティネット資金四〇〇億ルピアを、ゴルカル党の選挙活動に使ったという容疑である。九九年当時、六月七日におこなわれた総選挙に向けた選挙活動において、ゴルカル党の金権選挙ぶりはつとに報道されており、世界銀行の理事会が五月二〇日に承認したソーシャル・セーフティネット調整ローン六億ドルに対し、アメリカのルービン財務長官（当時）は即座に支出を実行しないように求めるほどだった(10)。

日本政府は九九年三月一二日に、ソーシャル・セーフティネット借款四五二億円の契約をインドネシア政府との間で結んでいる。もちろん、この資金が選挙前に支出されたかどうかも、さらには前述の容疑の原資になったかどうかも不明である。しかし、選挙前に契約が結ばれていることから、使われた可能性もまったくないとは言えず、契約時期の判断について疑問が残るところだ。

では、選挙よりあとに支出されたなら問題はなかったのか。残念ながら、ソーシャル・セーフティネット資金がインドネシア国内で強者の言わば「食いもの」にされている実状が報告され、改善を求める声が強く出ていた。

たとえば、実施監督の立場にあった区長、村役人、政権与党ゴルカル党の党員らが私腹を肥やしたり、親族・とりまきらを不正に優先するケースが数多く報告されている。インドネシアのNGOの連合体であるINFIDは九九年六月、ソーシャル・セーフティネット資金の運用において腐敗が横行し、貧困層に恩恵をもたらさないで、対外債務を増やすことにつながっていると主張した。

また、市民社会との協議が世界銀行の融資条件の一つとなっているため、インドネシア政府はNGOと話合いの場をもった。しかしINFIDは、NGO側の問題点の指摘や提言がソーシャル・セーフティネット・プログラム（食糧確保、雇用創出、教育・保健、中小企業支援に分かれる）の運営に活かされず、実施状況のモニタリングがきちんとおこなわれていないと批判。こうした点の改善のほか、選挙前の支出実行中止、資金の流用に対する法執行の強化、世界銀行による調査などを勧告した(11)。

インドネシアの場合と同様の目的でタイに供与された経済復興・社会セクタープログラムローンに対しても、一定の批判が出た。タイ国内では「ミヤザワ・ファンド」と呼ばれ、各地域社会の公共事業に充てられ、そこに住民が雇用されるという形態が取られていた。しかし、きちんと施工がおこなわれないですぐに壊れてしまう事業、必要性のあまりない事業、外部からきた請負業者が仕事を取ってしまうといった問題点が報道されている。

五　求められる地域生活者への視点

こうした円借款は、経済危機という緊急事態に対応するものであり、援助する側・される側双方の調査・準備が十分におこなえなかったという理由もある程度は成り立つかもしれない。しかし、長年にわたって日本が援助してきた事業に対する評価を見ると、地域生活者の視点の欠如を強く感じる。

タイの農村金融を供給する政府系の農業・農業協同組合銀行（ＢＡＡＣ）に対し、日本は二〇年以上にわたって、六〇〇億円余りの円借款を供与してきた。この事業に対する日本側援助機関の評価は、所期の効果を順調に達成できたというものである。具体的には、農民はＢＡＡＣから借りたお金で買った機械類を十分利用し、生産性の向上によって農家の経営状態も改善されていると評価されている。その大きな原因は、日本側のパートナーであるＢＡＡＣの金融機関としての能力にあり、全国に展開する出張所網と相談員が農村を巡回して農民へのアドバイザーとなり、融資についての審査・管理システムも整備されているという(12)。

しかし日本側の評価には、一六〇ページ以降で詳細に論じられているような農民の借金漬けという負の側面は反映されていない。この負債問題は、アジア経済危機後にとくに大きな問題となっており、農民からは帳消しを求める声が強くなっている。BAACはたしかに、金融機関として経営面からは優秀な成果をあげていても、それが至上命題となって、不要な、あるいは収入向上に結びつかないような融資を増加させる傾向があった。しかも、借入金の返済を保証するための連帯保証グループの加入をめぐる意思決定は地域社会における政治的有力者がおこなって、地域社会に亀裂を生じさせたりもした。

このように見てくると、日本企業がODAやOOFなどの公的支援の恩恵を受けており、それが「ODA利権」や腐敗などの問題を生じていないかどうかという点だけでなく、それによって援助受取国の人びと、とくに脆弱な立場にいる人びとにどのような影響があるのかということを第一に考える必要がある。特別円借款は、不必要な経済負担を相手国に押し付けている懸念があり、民活インフラは事業周辺の住民に大きな悪影響を及ぼすとともに、一般の人びとの経済的負担を大きくしている場合が往々にしてある。

また、こうした日本の経済的利益を優先するがゆえの歪みがなく、貧困層など社会的弱者を対象とした援助であればそれで問題はないのかといえば、そうではない。やはり、援助を受け取る人びとの生活、地域社会にどのような影響があるのかということを見なければならない。その際には、事業の目的が達成されたかどうかにとどまらず、事業が与えるマイナス面も含め、実際にどのような影響を住民、地域社会に及ぼしているかを幅広く丹念に見て、当事者や関係者に耳を傾けていく必要がある。

(1) 外務省経済協力局編『我が国の政府開発援助二〇〇〇年版 上巻』二〇〇一年三月、二四ページ。
(2) 九九年に発表された「政府開発援助に関する中期政策」の「基本的考え方」には、「顔の見える」援助の積極的展開とともに、開発における貿易や投資など民間部門の役割をさらに促進するための環境整備が含まれている。
(3) 九九年一二月六日現在で具体化したのは総額約七〇〇億ドル。外務省ウェブサイト「我が国のアジア支援」(二〇〇〇年一〇月)(http://www.mofa.go.jp/mofaj/area/asiakeizai/a_k/zu_3_2.html)。
(4) 米田篤裕「国際協力銀行のアジア支援策下の融資にかかる経済効果についての試算――アジア支援策を振り返る」『開発金融研究所報』第四号、二〇〇〇年一〇月、一〇二~一〇七ページ。
(5) 「特別円借款制度、目標達成に至らないまま廃止へ」『国際開発ジャーナルニュース』(二〇〇二年一月一一日)(http://www.idj.co.jp/news/main.html)。
(6) 「東南アへの特別円借款、タイ、受け入れ拒否/「ひもつき」の問題点露呈」『産経新聞』二〇〇〇年九月九日。
(7) 国際協力銀行「わが国円借款の供与条件の改善について」(二〇〇一年一二月二五日)。
(8) 民活インフラに対する日本のOOFは、次の各支援を単独あるいは組み合わせておこなわれてきた。①輸出金融(日本企業が事業に機器を輸出することになった場合の輸出者支援)、②投資金融(日本企業が事業に出資し、経営に参加する場合の投資者支援)、③部分リスク保証(民間金融機関の事業向け融資に対するアンタイド保証の供与)、④アンタイド・ローン(事業に投融資する受入国政府、事業周辺のインフラ事業などへのアンタイド・ローンの供与)。さらに、民活インフラ事業に対する日本企業の輸出には貿易一般保険、事業に対する日本企業の出資参画には海外投資保険が付保されきた(藤原淳一郎編『アジア・インフラストラクチャー21世紀への展望』慶應義塾大学出版会、一九九九年、一三一~一三二ページ)。
(9) この手法では、事業主体は必要資金を貸し付けてもらうために、それに見合う資産を担保として差し出す必要はない。借入金の返済は基本的に、事業自体から生み出される利益を当て込むからだ。かりに事業が失敗したら、この事業主体に資本金（自己資金）を出している民間企業は返済義務を負わないが、貸し手は返済の目途を失う（そのため、貸し手は返済を確実にするための諸条件――「セキュリティ・パッケージ」――を課す）。事業の資金ニーズやリスクを貸し手だけでなく、投資家、受け入れ国政府・公営企業／公共企業体などにも配分することで、単独では規模やリスクが大きすぎて不可能な大規模事業でさえ実施できるようになった。

(10)「インドネシア選挙『実弾』に化けた?・援助資金」『AERA』一九九九年六月一四日号、一一〇ページ。

(11) INFID, "*Application of the Social Safety Net Program in Indonesia and INFID's Analysis : Briefing Paper*", prepared for the INFID's Annual Lobby, 1999 (http : //infid.or.id/lobby/1999/june 9901.htm).

(12) 下村恭民・西垣昭『開発援助の経済学新版』有斐閣、一九九七年、二五四～二五六ページ。

2 農民の負債を増やすODA●タイ

高橋 清貴

一 農業が衰退するタイ

タイの経済は、これまで農業に強く支えられてきた。米を中心とした安価な農産物をバンコクなどの都市部や工業セクターに提供し、輸出によって外貨を獲得し、アジア五番目の新興工業国へとまい進してきた。しかしその結果、森林や水といった自然資源の減少、負債増加による農家経済の破綻、若者の農業離れによる農村の過疎化など、かつて日本がたどったのと同じ道を歩み、農業セクターは衰退しようとしている。

一九八九年に約二〇〇〇万人だった農業従事者人口が九五年には一六〇〇万人に減少し、農業セクターの対GNP比は、六六年には三六%だったのが九六年では約一〇%にまで落ち込んでいる。若い農業従事者(一五歳~二四歳)の農業離れは著しく、この三〇年間で半減しつづけ、今後のタイ農業の衰退を示唆している。

経済発展にともなった産業構造のなかで、わたしたちの生活の基本である食を支える農業の変遷を考えるとき、現在の「開発」の根底にある自由市場経済が農業におよぼした影響、とりわけ農村における現金経済の普及や金融事情の変化に注目する必要がある。

ここでは、わたしが九八年から一年間、国際交流基金アジアセンターの支援を受けて調査した東北タイ（イサーン地方）の事例を紹介しながら、日本ODAが果たした役割を考えたい。

二　農村の疲弊を招くBAACの経営と円借款

農村社会に浸透したBAAC

タイで農民に融資できる貸し手は、多数存在する。大きく分類すれば、政府系金融機関、商業銀行、農協といったフォーマル（機関貸し手）と、町や村の高利貸し、農作物の中間業者、役人、親戚や近隣の人といったインフォーマル（非機関貸し手）である。

全体の比重は、近年、インフォーマルからフォーマルへと徐々に移行しつつある。また、複数の貸し手から借りる農民も多い。ナコンラーチャシマ教育大学のソムキエット氏の報告によれば、九七年度時点でインフォーマルからの借金が約一三〇〇億バーツあり、フォーマルからの債務と合わせて約四八〇万世帯の農民が総額約二〇〇〇億バーツの負債を負っているという。この場合、農家一世帯あたりの負債は約四万バーツとなり、農民の平均所得（三万バーツ）を上回る。

農民にとって最大の貸し手は、政府系特殊金融機関（国営銀行）として農業振興を目的とした、農業・農業協同組合銀行（Bank for Agriculture and Agricultural Cooperatives, 以下BAAC）である。(1)同行は、

表1　タイにおける世帯単位の農民債務の推移

年	世帯数(100万)	負債を持つ世帯数(100万)	%	負債総額(100万バーツ)	平均負債額(バーツ/世帯数)
1972	3.78	1.03	27.24	1,081.50	1,050.00
1981	4.69	1.17	24.94	4,058.90	3,469.15
1992	5.13	1.73	33.72	22,095.10	12,771.73
1996	5.50	2.85	51.82	70,315.60	24,672.14

(出典) 農業省農業経済局『農業統計』1997年。

タイ全国に末端のフィールド・オフィスまで含めて約一五〇〇近い支店網を張り巡らせ、個人顧客を相手に年利約九%という小規模融資を提供している。

タイの農民相手に金を貸すインフォーマル金融業者の金利は、月利一〇〜一五%と非常に高い。それに比べると、BAACはきわめて低利である。これまで、資金需要がありながら融資を受けられずにいた農民に、低利で小規模ローンを提供することから、BAACの事業は「開発」のための融資と位置づけることができる。日本政府は、この理解のもと、七六年から二五年以上にわたってBAACに円借款を供与しつづけてきた。

BAACの融資事業は、農民、とりわけ小規模農家の生活改善に、本当に役立っているのだろうか。借金に苦しむ農家が増えつづけているいま、その検証が問われている。BAACは、一九五〇年代、協同組合銀行が不良債権の増加によって経営破綻に陥ったあと、アメリカの対外援助機関USOM(United States Operations Mission to Thailand)の調査報告に基づいて六六年に設立された、農業目的の貸付けに特化した銀行である。USOMは、当初からBAACに対して専門家の不足、返済能力のない零細農家への貸付け、貸付金の生活費への流用、貸付審査・回収の甘さなどの改善を助言していた。現在も、個人農民への融資を優先するという営業形態は変わっていない。

実は、ＢＡＡＣの活動は、一般に農村金融について言われる比較的返済能力の高い大規模農家を優先的に対象とするのとは異なり、個別農民の顧客を増やしつつ収益性を上げてきたという特徴がある。個人農家を顧客にしながら利益優先型の経営形態を維持するという困難な課題を解決するために、ＢＡＡＣはさまざまな工夫をしているのだが、実はそれらが農民に大きなしわ寄せとなって借金の増加を招いている。たとえば、確実に回収できるメカニズムを確保することで、融資に際して十分な審査もせずに貸付をおこなったり、農民を顧客に購買事業などを並行しておこなうことで貸し付けた資金が戻ってくるようにするなどである。

現在ＢＡＡＣは、顧客農民に対して農業市場センター（ＡＭＣ）から農業機械、化学肥料や農薬などを購入する斡旋をしている。ＡＭＣはもともとＢＡＡＣの購買事業部が独立してできたものであり、役員などはＢＡＡＣの上級スタッフが兼任している。また、農民を対象にした葬式組合などの共済事業をおこなうことで、顧客農民の定着化と返済担保の代わりに当てるなど、あの手この手で農村社会に食い込んでいるのである。

グローバル市場に巻き込まれていくシステム

こうした活動は、経営的観点からすればきわめて優秀な営業活動であろう。一時期資金援助をしていた世界銀行も評価報告書のなかで、ＢＡＡＣの財務的独立性の高さを評価している。しかし、ＢＡＡＣから恒常的に融資を受けられる環境を整えた結果、農民は借入をしてからその年の作付けをはじめるような農業形態を促され、ＢＡＡＣからの融資に九〇％近くを依存する状態を定常化させられていったのである。

一方、ＢＡＡＣの農村社会への介入は、営農形態の変化にとどまらず、村レベルでさまざまな社会的影響をおよぼしていった。たとえば、昔からあった講や互助組織、地域の共同体を支える農業協同組合などが弱体化していく[2]。さらに、これらの地域経済の環境の変化は、営農資金や生活安定化のための共済などにおいて農民一人一人のＢＡＡＣとのつながりをいっそう強めることとなり、個人主義を強めていった。

その結果、農民は借金を返済するために、自ら食うための農業を放棄し、効率的に現金収入がもたらされる農業へと向かわざるを得なくなった。それはまた、農民一人ひとりに高い経営能力を要求することとなり、農業をビジネス化することに長けた者だけが経済的豊かさを享受する社会へと、村を変えてしまったのである。つまり、ＢＡＡＣによる小規模融資の普及は、農村において地域のつながりよりも個人として市場経済で競争できる農民を育て、農村がグローバル市場に巻き込まれるのを促進していったのである。

ＢＡＡＣが、公共機関として農民の生活向上を図るよりも自立的経営を持続するために、いかに収益性を重視した経営戦略で収益を上げてきたのか、その「体質」を示す興味深い報告がある。九五年

表２　BAACにおける融資額別の顧客農民数と融資残高の推移（単位：バーツ）

		顧客数		融資残高	
		95年12月31日	96年7月13日	95年12月31日	96年7月13日
融資額	0〜30,000	1,300,000	1,049,388	20,071.50	16,701.30
	30,000〜60,000	524,884	792,824	20,051.30	25,223.60
	合計	1,824,884	1,842,212	40,122.80	41,924.90

（出典）Satsaguan, Plearnpit, "The Rural Finance in Thailand : Financial Services of the Bank for Agriculture and Agricultural Cooperatives", *The Rural Finance in Thailand*, TDRI, 1996.

から九六年にかけて、タイ政府（大蔵省）はBAACの貸出金利を二段階に分けて下げるよう指導した。九五年一〇月から翌年三月にかけて、貸出金額が三万バーツ以下の融資金利を一一％から九％に、さらに九六年四月一日から六万バーツ以下を一一％から九％に下げるように勧告した。

単純に考えれば、この低金利化政策は、借入農民に有利となるはずであった。しかし結果は、逆に農民の負担を増やした。低金利となって融資一件あたりの収益減に直面したBAACは、それまで確保してきた収益を維持するために、貸出件数を増やすか、融資一件あたりの貸出金額を増やすようなインセンティヴがスタッフの間に働いたのである。その結果、上の表のように、フィールド・オフィサーは農民に借入金の増額を働きかけ、三万バーツ以上の顧客数を増やしていったのである。

この対応措置の結果、不要な、あるいは収入向上に結びつかないリスクのある融資の件数と金額を増加させ、農民の負債を招いていった。当然、農民側に借入金額を適正に判断する情報と能力があれば、BAACに言われるままにはならず、農民自身が防衛できたはずだという論も成り立つだろう。しかし、情報へのアクセスが十分に確保されない農民は、「お上」機関のＢＡＡＣとの関係を壊したくないこともあり、言われるままに借入額の増加を受け入れていったのである。事実、わたしが調査した村でも、十分な説明がないままに、あるいはＢＡＡＣのフィールド・オフィサーを信用して、言われた通りの借入金額を決めている農民がいた。

利潤追求型経営へ荷担する日本のＯＤＡ

ＢＡＡＣが高い収益率を確保できたもう一つの理由に、いま述べたような営業努力の一方で、低利な融資原資の獲得が可能であったことがある。

そのおもな資金調達先は、商業銀行の預け金、民間預金、海外借入、政府中央銀行からの借入、債権の発行で、比率は徐々に変わってきているが、金利の安い資金援助を海外から受けてきたことはＢＡＡＣの成長に大きく貢献している。とくに、七五年から二五年以上にわたってＯＤＡで支援してきた日本の「貢献」度は大きい。海外借入のなかで、ＪＢＩＣ（国際協力銀行）からの円借款が占める割合は世界銀行やアジア開発銀行よりも多く、半分以上を占めている。

円借款の融資条件は、年利二・七～三・七五％、七～一〇年の据置、二五～三〇年の償還と非常に有利である。この資金を年利九～一二％で短期（一年）を中心に貸し出してきたのであるから、為替差損を差し引いてもＢＡＡＣは十分に利益を上げられる。円借款がＢＡＡＣの利潤追求型経営を支援してきたことは否めまい。

問題は、長年にわたって円借款を供与しつづけてきたＪＢＩＣが、借金を増やしてしまったタイ農

表3 BAACのおもな資金調達先の推移

(単位：%)

年	株式資本	民間預金	商業預け金	海外借入	政府中銀借入	債権・手形	その他
1988	8	29	36	18	7	0	2
1990	9	37	26	18	9	0	2
1992	8	44	14	16	8	8	4
1994	8	52	6	10	4	15	6
1996	6	61	2	11	2	13	6

(注) 小数点以下を四捨五入した。
(出典) BAAC年次報告書 (各年版)。

表4 BAAC向け円借款承諾額

借款契約締結年	金額(億円)	年利率(%)	償還(据置)(年)
1975	20.00	3.75	25 (7)
1977	60.00	3.75	25 (7)
1979	36.00	3.25	30(10)
1980	33.00	3.00	30(10)
1981	32.00	3.00	30(10)
1983	41.20	3.00	30(10)
1986	10.13	3.50	30(10)
1987	36.72	3.00	25 (7)
1988	48.75	2.90	30(10)
1990	50.00	2.70	30(10)
1991	46.94	3.00	25 (7)
1992	28.37	3.00	25 (7)
1993	35.32	3.00	25 (7)
1995	83.50	3.00	25 (7)
1996	42.28	2.50/2.70	25 (7)
累計	604.21		

(出典) BAAC年次報告書 (各年版)。

民の現状と構造的問題点を、どう理解し、対応策を採ってきたのかということである。ＪＢＩＣが単なるカネ貸し（銀行）ではなく、円借款という資金援助の手段によってタイ農民の「開発」を助けると標榜するのであれば、その評価とモニタリングのあり方が問われてしかるべきである。

最近、世界銀行やアジア開発銀行につづいて、日本政府も貧困削減を重点目標に掲げるようになってきた。そのことは、おおむね歓迎すべきである。しかし、その方法において筆頭に上げられるのがマイクロ・クレジット（小規模融資）や農村金融であることには注意を向けたい。

貧困削減と言うとき、経済的課題のみが取り組むべき事項ではないことは、開発業界ではすでに常識になりつつある。人びとの信頼関係や相互扶助のシステムなど、日常の生活レベルで住民に安心感やセーフティネットを与えるシステムを、社会資本として重視するようになっている。マイクロ・クレジットが貧困削減に資するか否かを考えるとき、このような社会資本への影響を抜きにしては語れない。

果たして日本政府は、これまでＢＡＡＣへの資金支援をどのような方法で評価、モニタリングをおこなってきたのであろうか。目に見えず、測るのがむずかしい社会資本への貢献度を評価する手法がまだ開発途上ということであっても、二五年以上にわたって円借款を供与してきたのであれば、利益を受けるべき農民の生活がどう変化したのか、個人単位ではなく村や社会単位で人びとの生活がどう位置付いているのか、少しでも知ろうという努力があってしかるべきである。しかし、筆者の知る限り、ＪＢＩＣは九八年に東北タイへの円借款全体の影響を測る評価の一部として、簡単な調査をおこなっただけである。

以下では、実際にはその影で、ＢＡＡＣが資金を活用してどのような融資活動をおこなってきたのか、農民はそれをどう受容していったのかを詳しく述べる。そこには、貧困削減に資すると思われているマイクロ・クレジットへの円借款供与が、実は借金を抱えた農民を数多く生み出していったしくみがある。

三　不良債権化をも恐れない利益確保への道

黙認される使途

ＢＡＡＣの存在意義は、表向きには低利融資を多くの農民に提供することであった。これまで商店主や仲買業者から高利で借りるしかなかった農民が、低い金利で、必要な額を借りられる。そうすることで、農民の自主的な生活改善に役立つと考えられてきた。

ＢＡＡＣから融資を受けるための登録資格条件は、タイの国籍をもち、二一歳以上の農民であるなどのほかに、正直である、精神異常者でない、禁治産者でないなど、ごくふつうの農民であればクリアできるものだ。多くの農民を顧客にしたいＢＡＡＣの意図がうかがい知れる。

唯一、実質的ポイントとなり得るのは、「かつてＢＡＡＣから登録を抹消されたことがない」「同時に農協や他の農民向け金融機関から融資を受けていない」という条件である。ほかには、「農産物の生産によって十分な所得がある」という条件もあるが、厳密に適用されていない。これらの条件は、実際の貸し借りにおいてどのように解釈、適用され、登録農民の仕分けとして機能しているのだろうか。

まず、条件のほとんどが原則的であることに関して言えば、とくに「農民であること」のように曖昧な定義にもとづいたものは、対象の幅を広げる方向で解釈、適用されている。その結果、実際には農業よりも非農業活動に従事する時間が多い者が顧客となり得るのだ。条件の問題とは異なるが、貸付目的は、表向き農業あるいは農業関連事業に限定されているにもかかわらず、実際には出稼ぎ資金やオートバイなどの耐久消費財の購入、緊急的な医療や教育の出費などに使われても、黙認されている。

これらに加え、全農家所得のうち農業収入が三分の一しかない現実から考えると、純粋な農民が純粋に農業目的で借りているケースは、それほど多くない。これは、東北タイで、とくに出稼ぎ収入に依存する農家が増加している傾向を反映している。BAAC側も業務の役割と権限の改訂を検討中であり、専業農家が少なくなりつつある農村の実態を反映させて、農業以外の目的にも貸し出しできるようにして業務の幅を広げようとしている。

わたしが話を聞いた農民にも、審査の際に提示した以外の目的で借りた資金を使っていた者もいる。本来、きちんとした資格審査や融資審査、モニタリングをすれば回避できる問題である。しかし背景には、末端でじかに農民と交渉し、監督するBAACのフィールド・オフィサーの数が少ないという事情がある。また、フィールド・オフィサーの賞与が貸し出し融資額に連動していることから、貸付け優先の動機付けが強く働き、審査が甘くなってしまう。実際、フィールド・オフィサー自身が目的外転用を容認しており、なかにはオートバイを買いたいと相談したら、フィールド・オフィサーが適当にローン申込書の目的を書いてくれたという報告も、農民から直接聞いている。

悪循環の二重借金

借金の社会的影響を考える際に注目したいのが、多くの農民がＢＡＡＣへの借金返済に別の金融機関、とくにインフォーマルの貸し手からの融資を当てている事例である。

ＢＡＡＣからの個人農家向け融資には、短期（一年）、中期（五年以内）、長期（一五年以内）の三種類がある。このうち短期融資の顧客数がもっとも多く、融資残高も多い。これを農民は通常、田植えなどがはじまる四月から六月に借り、収穫を終える翌年の一月から二月に返済する。しかし、返済してから再び借りるまでの二〜三カ月間、十分な現金が手元に残らなかった場合、別の金貸しから借金をしてやりくりする。この結果、ＢＡＡＣとインフォーマルの貸し手との間の借り換えが常態化するのである。これは、「他の金融機関から融資を受けていない」という条件に抵触するが、借りる時期が重なるわけではないので大目に見られているのが現状だ。

通常、金融は不良債権化を恐れて貸し手側が安易な貸出しを制限し、借りる側も返済延滞を恐れて安易な借入れを抑制するものである。しかし農村には、そうした理論上の市場経済的理屈が働かない特殊事情がある。

多くの農民の家計は、農業を営むための金と生活のための金が一つのサイフから出ているため、農業目的で借り入れてきた資金でも生活上の消費に流れやすい。とくに、タイ農村では、すでにさまざまな工業製品、消費財が入り込んでいる。さらに割賦制度の普及もあって、安易な現金へのアクセスが農民の消費意欲を煽るばかりで、生産性向上や所得向上には必ずしもつながらない。

BAAC融資の甘い資格審査やモニタリングは、借りた金を生産手段ではない消費財購入へ転用する機会を増やし、結果として農民に多額の借金を残す傾向を助長している。つまり、BAACの「公式的な」存在意義である「農民に低利な資金へのアクセスを確保することで、これまで不当に農民を搾取してきたインフォーマル金融に代わって農村金融市場の中心的役割を担って農業生産を向上し、農民の生活向上に寄与する」という目的を達成せずに、農村への資金流入を増やすことで農民の消費需要を押し上げるという、予期せぬ結果をもたらしてしまったのである。

反目感情を生むメンバー決定

また、農村金融の社会的影響は、融資を受けるプロセスによる部分も大きい。

たとえば、BAACでは無担保グループ保証などによって融資を受ける敷居を低くする試みをしている。これは、一〇～二〇人の連帯保証グループをつくれば、無担保で貸し出すことができるしくみである（借入主体はグループではなく個人）。

このメカニズムは本来、メンバー間を相互に監視することで返済の強制力として機能するはずであったが、これが村のなかで一定の政治的影響力をもつようになっている。というのは、そのメンバーの決定はグループ自身の判断に任されているため、担保資産をもたない小農民にとって、BAACから融資を受けられるか否かは、どの連帯保証グループに入るかにかかってくるからである。話を聞いた農民のなかには、明確な理由もなくグループから入会を拒否された人がいるなど、BAACの融資をめぐって村に反目感情を存在させるきっかけとなっている。

一見、政治とは無縁に見える農村金融だが、金の融通が農村の既存の微妙な力関係と結びついたとき、政治的・社会的影響力を行使するメカニズムとして農村社会に根付いてしまう。

このように、BAACの登場は、農村社会にさまざまな社会的影響をもたらしてきた。一部の農民が低利融資の恩恵を受け、そこから農村社会経済の活性化をもたらしたとしても、農村共同体に貧富の格差や政治的力関係をもたらす影響は、無視されてよいものではない。しかし、BAACにとっては、そのようなことは問題に値しないだけでなく、むしろよろこばしい状況にさえなっている。なぜなら、一部の富裕農民によって引っ張られたものであっても、農村社会経済全体のパイが大きくなれば、利益を上げて財政的持続性を確保できるからだ。それを設立当初からの重要な理念としているBAACにとっては、この状況は望ましい。

この歪んだ開発ドグマのもとで、BAACは正当性を得て、さまざまな利益確保の道をひた走っている。たとえば、巨大な官僚組織の末端で農民と交渉にあたるフィールド・オフィサーには、毎年、貸出し額の目標値が提示される。その上意下達のノルマは、歩合制の賞与というインセンティヴとも相まって、顧客の新規開拓や既存顧客農家の融資額の増額を不必要に進めている。

四　高返済率のウラ

情報不足が認識の違いを生む

借金とその社会的影響の大きさを知りながら、なおも農民がＢＡＡＣから借りようとするのは、なぜなのか。ＢＡＡＣの機能と役割についてまず考えられるのは、ＢＡＡＣ職員と農民との間の認識のギャップである。

ＢＡＡＣは、国営ではあってもしょせん金貸しで経営を成り立たせている銀行であり、一定の利益を上げるのが当然というのがＢＡＡＣ側の価値観である。一方で、農民たちに聞いてみると、彼らはＢＡＡＣを銀行というよりも、むしろ国による農民向けの社会福祉機関のようなものと認識している。その理由は、高利なインフォーマルの金貸しよりも有利な条件で金を貸してくれること、国営という安心から「農民のための機関」だと信じていること、信用事業のほかに葬式組合の運営などの共済事業もおこなっていること、登録によるメンバー制というしくみによって農村社会での一種の社会的ステータスを提供する役割を担っていることなどが考えられる。

このような認識の違いが生じるのは、農民の日常において、必要な知識を得るのに限界があることに加えて、BAACからの情報提供と説明責任（アカウンタビリティ）が不十分だからである。

今回調査した三つの村（ロイエット県チンクワン村、カラシン県ナ・クラダオ村、シサケット県キーレック村）のすべてで、農民のほとんどがBAACの経営状況（資金調達先、不良債権比率、損益状況）はおろか、自分たちが受ける融資事業の概要（利子率や融資条件など）についても、中途半端な理解しかしていないことがわかった。顧客農民三四〇万人（九七年）に対し、BAACの全職員数は約一万三〇〇〇人だが、登録手続きから融資内容・条件の説明、融資申請書の書き方、営農へのアドバイス、集金・返済催促などの融資業務をおこなうフィールド・オフィサーは約六〇〇〇人と少ない。フィールド・オフィサー一人あたり平均約六〇〇人の農民顧客の面倒をみる計算になる。

帳簿などほとんどつけたこともない農民に対して、一人ひとりの営農や財務の状況をきちんと把握して、債務延滞とならないように経営指導をしていくには、フィールド・オフィサーの数はあまりにも少ない。実際にフィールド・オフィサーが農民を訪ねる機会は年二〜三回しかなく、あとは農民が返済金を納めるために郡支店に出向くときに会うぐらいである。農民もいったん借りてしまえば、フィールド・オフィサーとは会いたがらないので、両者の関係はいっそう希薄になる。結局、BAACと農民の接点は、複数の事業（融資、貯蓄、販売、共済）を通して多面的ではあるものの、内実は金銭的なやり取りだけにとどまっている。

タイ農民が「儲かる農業」に必要なマネージメント能力（とくに会計処理能力）と情報を入手できる環境と機会があれば、自立した経営者として市場主義経済の荒波をわたっていけるかもしれない（もちろん「儲かる農業」の社会的影響、自然環境への影響など無視できない問題はある）。しかし、そうした条件を満たす農民は限られているし、多くは学歴も低い上、農業以外の経験も知識もなく、農閑期に都市に出稼ぎに出て、どうにか生計を成り立たせているのだ。

それに加え、東北タイの文化では、金に執着するような人間を「キー・ニアオ」と言って軽蔑する傾向がある。一方、金にうるさくなく、金があるときはケチらずに周りに振る舞うような人間を「チャイ・ヤイ」と言って敬う。調査村の一つナ・クラダオ村で話を聞いた農民のほとんどが、借入金額や条件を詳細に覚えていない。ＢＡＡＣのような融資審査や農民との接し方では、フィールド・オフィサーが農民一人ひとりの個性と営農環境の違いは把握できない。ましてや、個々の人間性や信用度などは知りようがない。もっと言えば、フィールド・オフィサーの多くは知る必要もないと考えている。

農民との付き合い方で言えば、むしろインフォーマルな貸し手のほうが返済のことを考えて客選びをしている。街の金貸し業者に聞くと、ＢＡＡＣより借り手の個性と人間性まで含めて信用度をしっかりと計り、関係性を築いていることがわかった。

彼らは、必要な情報ネットワークを常に刷新して、潜在的顧客の人間性と信用度を多面的に把握する努力をおこなっている。常連客に対しては、金銭的関係以上の付き合いをしており、子どもの病気で緊急出費が必要なときなどは、無担保・無利子で貸すこともある。当然、利子の高さを見れば、このような関係は、一種の「飼い殺し」であるし、借り手を限定しているという批判もあろう。しかし、金の貸し借りにおいて、人間関係を重視して人びとの生活におよぼす影響を考えた融資判断をしているとは、ビジネスマインドのみで農民と接しているBAACも見習う点があるだろう。

「共犯」者としてのJBIC

BAACの説明責任や透明性欠如の問題は、すでにタイの学者によっても指摘されている。[3] BAACが農業という公共性の高いセクターにおける国営金融機関であることを考えれば、農民負債の増加に対する貸し手責任を倫理的観点から一考する必要があるだろう。

たしかに、概してBAACの融資はインフォーマルに比べて金利も低く、無担保貸付など条件も緩いので、農民にとってはありがたいものに見える。しかし、その一方で負債が増えて、土地を手放さなければならないほど借金に苦しむ農民を増やしつづけている事実がある。それを無視して、一部の経済的に豊かになった農民を指してプラスの評価を下すことはできない。自然を相手の農業というものに、市場経済的観点からおこなわれる資本提供がどこまで有効かという根本的な問いかけは差し置いても、農民に企業経営者としての責任と能力を求めるのであれば、融資業務のやり方においてBAACの責任も問う必要がある。

農民も企業経営者と考えれば、一時期の債務はふつうであって、社会問題として扱うほどのことではない。企業家であれば、いくばくかの債務を抱えるものであり、むしろ債務はその企業の信用度を測るパラメーターとも見なされる。しかし、農民の債務をそうした一般の企業経営者と同じに扱えないのは、農業というものが、必ずしも金銭的収入を目的にしておこなう営みではないからである。また、先に述べたように、農家のサイフは農業用も生計用も同一であり、現実に日常生活上の出費から農業用資金を転用するケースが多い。営農と生活が不可分になっているのが小規模農民の財政なのである。このような状況のもと、農業向け資本投下を一般の融資とは別な視点から考える必要があろう。

営農を主とする農民の経済的成否は、土壌や天候具合などの不安定な外部要因に左右されるため、農民は常に高いリスクと経営の不安定性を背負っていかなければならない。加えて、かりに収穫が良くても、市場価格の下落や流通の問題に直面すれば、金銭的見返りには結びつきにくい。農業を経済的側面で考えることが本質的にむずかしい所以である。そこにきて、病気や怪我、教育などで不測の事態が生じたときに資金を融通してしまい、事業を困難にするか借金を増やしてしまうのは、当然である。この状況をしっかりと理解することが、開発支援をおこなう援助国としての最低限の責務であろう。

しかし実際には、ＪＢＩＣは、農民レベルでどのような社会的影響が出ているかを適切に把握することなく、ＢＡＡＣから日本政府への返済が滞りなくおこなわれていることから、二五年以上にわたって支援をつづけてきたのである。返済率の高さの影に、負債に苦しむ農民を数多く生んでいることに対して、世界銀行がＢＡＡＣの利益拡大事業を積極的に評価する「確信犯」であるとするならば、ＪＢＩＣは無知を装った消極的な「共犯」という言い方をされても仕方がなかろう。

このように、望ましくない借り手であるはずの農民を対象に、返済の遅れや不能を恐れずにBAACが貸しつづけることができた理由は、どんな貸付け方をしても返済が確保されるメカニズムをBAAC側がもっているからである。

債務者が亡くなるのを待って相殺する葬式組合

BAACの返済メカニズムの一つに、葬式組合という共済事業のマネージメントがある。葬式組合は、タイ農村に昔からある相互扶助のしくみである。仏教を尊ぶタイでは、葬式を疎かにすることは許されない。それにかかる費用は年々増加し、葬式費用に困った村人を扶助する葬式組合が、村ごとに独自に組織されてきた。

わたしが調査した村々でも、形態や規模は異なるものの、この互助組織をつづけている。しかし、その規模は年々小さくなっているという。村の葬式組合の場合、家族・親類が亡くなったときに支払われる金額が約三〇〇〇バーツなのに対して、BAACがはじめた葬式組合は、網の目のように張り巡らされた支店網を通して数多く顧客と契約を結んでいるため、葬式一件あたりに支払う金額の上限が一〇万バーツと大きい。このため、BAACの葬式組合に加入を希望する農民があとを絶たない。なかには、葬式組合のメンバーになりたいがためにBAACに登録し、融資を受けている農民もいる。つまり、BAACは融資と葬式組合をセットにして、農民を顧客として確保しているのである。

もうひとつ、BAACにとって好都合なのは、実は葬式費用として支払う一〇万バーツという金額に合わせて、ＢＡＡＣが担保なし、あるいは保証人なしで貸し出す場合の貸付限度額にするように、内規で決めているのである。それによって、顧客農民が何らかの理由で延滞債務を生じても、返済督促通知は出すものの、不必要にコストをかけてまで回収に走る必要がなくなる。つまり、新規の貸出しを制限しながら利子を加算しつつ、債務者が亡くなるのを待って、葬式組合から払う金で相殺すればよいからである。

最後に、農民のＢＡＡＣへの依存について考えてみたい。

先に述べたように、ＢＡＡＣから直接農民に貸し付ける融資には短期が多いが、これは東北タイの農民の営農の特徴として、毎年借金をして肥料や農薬、種子などの農業資材を購入しなければ、農業をはじめられない事情による。つまり、ＢＡＡＣからの融資を受けられなければ、農業を営めないほどに農民は借金に依存している。

したがって、自給食糧の確保のためであっても、農業を継続していくためにはＢＡＡＣの「良い顧客」として借りつづけなければならない。そして、借りつづけるためにはＢＡＡＣへの返済を何よりも優先し、良いメンバーでありつづけることが、農民に残された生活をどうかに維持する方法なのである。タイの農民運動が負債を大きな問題だと訴える一方で、ＢＡＡＣが高い返済率を維持できている矛盾は、ここにある。

五　JBICは真のパートナーになれるか

BAACとJBICの農民無視が招いた負債増加

以上見てきたように、日本の円借款はBAACの活動に大きな「貢献」をしてきた。しかし、ツー・ステップ・ローンによる支援は、末端の農民に利益がおよぼされなければ意味がない。BAACは、設立当初からアメリカの勧告にしたがって財政的自立を求めるあまり、利益拡大路線を走ってきた。そして、たしかに財政的には「健全な銀行」として成長はしたが、その影で、借金に苦しむ農民を数多く生み出してきた。日本政府（JBIC）は、BAACが財政的に「健全」であるというだけで、二五年以上にわたり支援を継続してきたが、農民にどのような社会的影響が出ているかについては十分に把握する作業を怠ってきた。

八〇〇人あまりのスタッフで世界銀行と同規模の援助資金を扱うJBICが、複雑に絡み合う社会的影響を把握するのは、実質的に不可能であろう。そこで、NGOとの連携を求める声も出てくる。しかし、NGOであるからといって、BAACのすべての顧客農民の状況を把握して、負の影響が出るのを未然に防ぐことができるわけではない。

問題の核心は、負債関係の直接当事者であるBAACの活動自体にある。組織としての財政的健全性と農民、とりわけ貧困農民の生活を改善するという社会的な目的を忘れてはならない。経済的側面だけでなく、また一部の個人を豊かにするのでもなく、農民にとっての重要な生活空間である村という共同体がもつ社会的価値に配慮しながら、事業を進めるべきだろう。そのために、財政面と社会的影響の両方のバランスがとれた事業をおこなっているかを、しっかりとモニタリングすることが、貸し手であるＪＢＩＣの責務だ。タイ農民の負債の増加は、ＢＡＡＣとＪＢＩＣ双方による農民の生活への視点を欠いた姿勢が相まって招いたものなのだ。

新たな局面と日本の役割

ツーステップローンを受けて成長路線をひた走ってきたＢＡＡＣも、九七年から新たな局面を迎えている。ＪＢＩＣへの円建て借款の返済が、アジア通貨・金融危機後にバーツが下落したために、大きなコスト負担となって跳ね返ってきている。

アジア通貨・金融危機による影響は、円建て借款の差損というリスクだけでなく、これまでのようにタイ大蔵省がその差損を補填することができなくなるという間接的な負担をもたらした。ＩＭＦ（国際通貨基金）は、通貨危機後の経済建て直しのために緊縮財政政策を採ることを勧告し、交換レートから生じる差損補填などの補助金の排除を求めたのである。結局、この急増したコストをＢＡＡＣが積立金を崩すことでことなきを得たが、ＢＡＡＣにこれまで以上に財政の独立性が強く求められるようになったことは確かだ。それが、顧客である農民に対してどのような影響となって出てくるのか、今後も注意する必要がある。

現在、ＢＡＡＣは資金調達先を、円借款など外部の資金から徐々に顧客の預金に代えている。貯蓄サービスを充実させるために、くじ付きの貯金口座などさまざまな預金商品をつくったり、農民の貯蓄性向を高めるためにＧＴＺ（ドイツ技術協力公社）からの専門家を置いてアドバイスを受けたりして、資金確保の改善を図っているのである。そのため、農民がＢＡＡＣの財政を支える形になり、農民や農村社会への影響をこれまで以上に配慮することが要求される。

事実、ＢＡＡＣは衰退した農業協同組合に代わって、農協事業を積極的に担っていこうとしている。農民を単なる顧客ではなく、農業セクターにおけるパートナーとして位置づけようと、動きはじめているようにも見える。出資金の一部を農民が提供できるようにする（一〇％まで）ことや、職員の研修講師にＮＧＯを登用したりもしている。九九年からは、グリーン・バンク・キャンペーンとして、ＷＴＯ（世界貿易機関）の農業協定を睨みつつ、ヨーロッパ市場への有機農産物の輸出を促進するために農民、ＮＧＯ、ＢＡＡＣの三者共同によるプロジェクトをコンケン県で試験的にはじめた。中央集権化している政策立案・意思決定のしくみを変え、分権化が進めば、ＢＡＡＣの農業協同組合化という方向で状況の改善が図られるのではないかと、タイの一部のＮＧＯは期待している。

ＪＢＩＣも、単に資金援助をし、ＢＡＡＣからの返済が問題ない限り支援をつづけ、農村社会の市場経済化を押し進める「流れ」の影響を考えるべきである。環境保全や暮らしの安全の確保といった観点から農業が果たす社会的・公共的役割を認識し、地域社会をベースにしたパートナーとしての関係を促進するように働きかけることが重要だ。ＢＡＡＣを単なる金融機関としてではなく、今後のあるべき農業と地域社会を共に考え、つくっていく組織と位置づけるべきである。

ＢＡＡＣが農民の真のパートナーになれるかは、ＪＢＩＣがＢＡＡＣの真のパートナーになれるかに依るところが大きい。本当の意味での貧困削減は、この多様な側面でのパートナーシップを関係者の間でつくり、貧困者や弱者の視点から社会を理解し、それに援助を合わせていかない限り、実現しないであろうからだ。

加速するグローバル経済のなか、農業国であるインドシナ地域も市場経済化への道を歩んでいるが、遠からず同じ問題に直面することは十分に予測される。「貧困削減」という名のもとで、強い個人を育てる「開発援助」を拙速に進めるのではなく、タイやその他の地域で同様の政策やプロジェクトによって受けた影響をまずはしっかりと調査し、教訓を活かしていけるしくみに、日本のＯＤＡが改善されなくてはならない。

（1）　ＢＡＡＣの概要は、つぎのとおりである。

（一）　目的　①農村部への財源の提供、②インフォーマル金融の駆逐、③高収益農業の普及のために政府に協力、④農業関連機関の育成、⑤農業新技術の導入・普及。

（二）　活動内容　①銀行業務、農民や農民協同グループに対するローンの提供、他の融資に対する保証業務、貯蓄サービス、為替の売買、政府債の買入れ、②政府プロジェクト業務。

（三）　協力団体　The Agricultural Cooperatives for Marketing and Thai Agribusiness Company Limited（TABCO）＝肥料、種子などの農機具や原材料の提供と生産物の販売をおこなうＢＡＡＣと民間企業（Mahbunkrong Company Ltd.）の合弁会社。

（四） 規模（一九九七年時点） 支店数＝六六七（県および郡支店）、登録顧客数＝四八五万四八六八世帯（農協・農会メンバーを含む）、貸付額＝一九三四億七五〇〇万バーツ（農協・農会メンバーを含む）、運営費＝一三四四億一一〇〇万バーツ。

（2） 山本博史『アジアの工業化と農業・食糧・環境の変化』筑波書房、一九九九年。

（3） Siamwalla, Ammar, C. Pinthong, and N. Poapongsakorn, et al., "The Thai Rural Credit System and Elements of a Theory: Public Subsidies, Private Information, and Segmented Markets", *The Economics of Rural Organization: Theory, Practice, and Policy*, Karla Hoff, A. Braverman and J. Stiglitz, eds. O.U.P.,1993.

3 未来を先食いする民活インフラ

長瀬　理英

一 「経済の向上と民主主義のまい進」という言説の疑わしさ

「われわれは、地球規模で、自由貿易と投資が可能となる強固な経済、政治システムを目指す。この地域（筆者注、アジア太平洋地域）では、人間や資本や情報が障害なく自由に行き来し、共に進歩し、文化のきずなを結び、民主主義への機運を創造する」

（ブッシュ・アメリカ大統領国会演説、二〇〇二年二月一九日）

日本のODAは、これまでインフラストラクチャー（社会資本）整備への円借款貸付が中心だった。つまり、援助受取国の政府がおこなうダム、道路建設といった公共事業に対し、一般の銀行よりも相手国側にとって有利な条件（金利、返済期間など）で貸し付けるタイプである。これには、わたしたちの税金、郵便貯金、年金などを原資とした公的資金が使われる。

ところが近年、この流れに大きな変化が出てきた。インフラ整備をおこなう上で、公的部門に代わって民間部門が主導するようになったのだ。事業の計画づくりや資金調達などの事前準備から、建設、運営までを民間企業（通常は外国企業）が中心になっておこない、電気や水道の供給といった、その事業がつくりだすサービスの対価を料金の形で政府機関あるいは利用者が支払う（最終的に施設を政府に売却する場合もある）。

こうした事業の資金は、民間事業主体の自己資金と借入金からなる。ＯＤＡは、民間を相手に直接貸し付けることはできないので、借り手側にとって条件はＯＤＡよりも悪いが商業貸付よりは良い公的資金が融資されたり、民間の銀行団が貸しつけたりする。この公的資金はＯＯＦと呼ばれ、ＯＤＡ以外の政府資金を指す。ＯＤＡ資金は、事業にとって必要だが採算の取れない周辺事業（たとえば、発電事業に対する送電線事業）に利用される傾向にある。

このような変化は、なぜ生じてきたのだろうか。一言で言えば、インフラ整備の自由化・規制緩和を推進してきた欧米諸国の経験が地球規模で拡大しているということだ。民間主導インフラのノウハウをもつ企業にとっては、ビジネスチャンスが拡大する一方で、財政難に苦しむ政府にとっては、民間が資金調達を含め肩代わりしてインフラ整備をしてくれることは大助かりだ。日本も、国内ではインフラ整備の自由化・規制緩和の進捗は欧米諸国に比べそれほど進んでいないものの、援助大国として、また、日本企業のビジネスチャンスを後押しするためにも、民間主導インフラ整備への援助に積極的に取り組んできている。

では、援助受取国の生活者にとっては、どのような影響や意味があるのだろうか。

援助する側の論理としては、インフラ整備がボトルネックとなって経済成長が停滞するという制約は解消され、高い経済成長をつづけられる。民間参入による市場メカニズムの導入で経済効率も良くなり、サービスの利用料金も下がっていく。その際には、先進国の環境・人権に配慮した経験が活かされる。ひいては、経済的に豊かになっていけば、民主化も進んでいく。冒頭に引用した、ブッシュ大統領が見通す明るい未来が待っているようだ。

しかし、個々の事業の実態を見ていくと、そのような期待は裏切られる。先進国企業は市場メカニズムを働かせるというよりは支配的地位を確保し、環境・人権面についても事実上おざなりにしている。経済効率は目標に達成せず、援助受取国の人びとはかえって高い料金を支払わなければならない。ここでは、民間主導のインフラ整備のなかでも発電事業、とりわけ日本の援助が絡んだ事例をいくつか取り上げ、そうした個々の問題が生じるような構造的な素地があることを示したい。

二　エンロン社の破綻とインド火力発電所建設

アメリカの経済制裁で加わることになった日本勢

テキサス州ヒューストンに本社を置くエンロン社は、二〇〇一年一二月、アメリカ史上最大の経営破綻を引き起こした。電力自由化の申し子として急成長した同社の破綻により、コーポレート・ガバナンス（企業統治）の手本とされてきたアメリカ企業への不信にとどまらず、ブッシュ政権を中心とする政・官・業の腐敗構造に対する疑念が浮かび上がってきた（二〇〇二年二月時点では、エンロン社内部調査の結果は公表されているが、連邦議会、司法当局などの調査・捜査は進行中）。

エンロン社は、海外への事業展開にも積極的だった。途上国に限った場合、一九九〇〜九九年の一〇年間におけるエネルギー分野（天然ガス送配および電力）での民間主導事業投資額は、一八七〇億ドル弱（七六カ国、七〇〇件余り）にのぼっている。エンロン社は二三件に対して一二五億ドルを投資しており、第一位のAES社（アメリカ）に二億ドル差の第二位である。(1)

なかでも最大級の投資が、インド西岸の大都市ムンバイ（旧ボンベイ）から約一八〇km南下したダボール市近郊に建設した火力発電所だ。発電所の工事は二期に分かれ、第一期七四〇MW、第二期一四四四MW、合わせて二一八四MWという大規模な発電能力をもつ。総投資額は約三〇億ドルで、自己資本が約一〇億ドル、借入金が約二〇億ドルとなっている。事業主体のダボール電力（DPC）のスポンサーはエンロン社が中心となり、ほかにベクテル社、GEキャピタル・ストラクチャードファイナンスグループと、この卸売電力の購入者であるマハーラシュトラ州電力庁（MSEB）が出資している。

第二期の建設費は約一八億七〇〇〇万ドル、うち四億五二〇〇万ドルがダボール電力の自己資金、一四億一四〇〇万ドルが借入金だ。貸し手は、アメリカの海外民間投資会社（OPIC）、インド内外の民間銀行に、日本輸出入銀行（現在のJBIC）および同行がアレンジした民間銀行団も加わった。日本輸出入銀行の二億五八〇〇万ドル、通産省の貿易保険を受けた民間銀行団の一億七五〇〇万ドル、合計四億三三〇〇万ドルが融資されることになった。(2)

実は当初、日本勢は加わる予定ではなかった。第一期に引き続きアメリカ輸出入銀行が融資することになっていたが、インドが九八年に核実験をしたことからアメリカの対インド経済制裁の一環として、アメリカ輸出入銀行は融資ができなくなった。このため、エンロン社は機器の一部を日本とベルギーから輸入することにし、両国の公的輸出信用機関の融資を得ることで穴埋めをしたわけである。[3] インドの核実験に対しては日本政府も経済制裁を発動したが、それは緊急・人道援助を除く新規ODAに限られていた。

不良債権化の恐れ

第一期は、九九年五月に操業が開始された。二〇〇〇年一〇月、マハーラシュトラ州電力庁は電力料金が高すぎて支払えなくなったと、ダボール電力への卸売電力料金支払いを停止した。州政府は翌年一月、電力庁に二四〇〇万ドルを融通し、返済にあたらせるなどの措置を執ったが、ダボール電力は同年五月、州政府に対し電力購入契約（PPA）の打切りを事前通告する。貸し手からの融資続行も不可能となったため、六月にはほとんど完成間近の第二期工事が停止に追い込まれた。

他方、州政府は本事業の問題を検討するための委員会を設置し、〇一年四月には検討結果を発表、これを基にダボール電力と電力購入契約の再交渉をおこなう意向だった。しかし、同社は報告書の受取りを拒否する。事前通告から六カ月後の一一月までに解決できなければ、同社は契約打切り最終通告を出すことができ、この問題は国際仲裁裁判所に委ねられることになっていた。エンロン社は自己出資分（六五％）を売却する意向だったが、申し出たインド企業の希望購入額との差が大きく、話合いは決着がつかなかった。

親会社のエンロン社が経営破綻したのは、こうしたなかでのことである。二〇〇二年二月現在、同社をはじめとするアメリカ三企業の持ち株（合計八五％）売買に向けて評価がおこなわれている。また、州政府は〇一年一一月までに、ダボール発電事業に関して元最高裁判事を中心とする司法調査委員会の設置を決め、調査を開始しようとしている。

このようなトラブルが解決して新体制に移行したとしても、ダボール発電所の持続可能性、すなわち電力庁は料金を支払っていけるのかという大問題が残る。第二期が完成すれば発電能力は三倍近くになり、電力庁は少なくとも年間一五億六〇〇〇万ドル（年間収入実績の七三％に相当する）を支払わなければならないとの試算もある。実際、州政府は、第一期分については電力料金を引き下げることで購入を再開する意向だが、第二期分については現在の需要を考慮して購入するつもりはないと言明している。(4) ＪＢＩＣ（国際協力銀行）や邦銀も融資している第二期分は「不良債権化」してしまうのだろうか。

地元住民への人権侵害・環境悪影響、つかの間の経済効果

アメリカに本部を置く国際ＮＧＯヒューマンライツ・ウォッチは、エンロン社破綻後の二〇〇二年一月下旬、九二〜九八年にかけてダボール発電所に関連して人権侵害があったことに触れ、アメリカ政府機関に対してこうした問題事業をもっと精査するよう訴えた。この訴えは、事業に反対する住民に対しておこなわれた広範な人権侵害に関する詳細な調査報告書（九九年一月）に基づいている。(5)

この報告書によれば、発電所サイト六一〇haとその周辺は、人口九万二〇〇〇人余りの農漁村だった。立ち退き問題など住民生活への悪影響や環境の悪化、事業の不透明さや腐敗の噂、高い電力料金設定などにより、九二年にはじまっていた反対運動は、とくに九四年の着工後に盛り上がる。九六年一二月におこなわれた抗議運動は概して平和的だったが、警棒による骨折などで病院に担ぎ込まれる者が少なからずいるなど、警察の対応は権力の濫用だった。

九七年六月に警察の暴力的な家宅捜査がおこなわれたあと、デモの頻度は減ったものの、反対運動は依然として強かった。ダボール電力と警察が共謀して反対者にあたっていたのは疑いようがなく、同社は警察に資金を提供するだけでなく、物的支援もおこなったという。インドの人権団体は、ダボール電力従業員や工事請負業者が暴力やハラスメントをおこなったと報告している。

ダボール発電所の環境汚染で、湧き水は飲めなくなり、マンゴーの木は枯れ、漁獲量も次第に減少している。(6)「電気代が高すぎて、これまでに零細企業が六〇〇社以上閉鎖に追い込まれた」(7)という証言もある。地元では引き続き発電所に反対している人びとがいる一方で、賛成している人びともおり、地域社会はダボール発電所をめぐって分裂した。

賛成のおもな理由は、雇用をはじめとする経済効果と学校・病院など社会基盤の提供に対する期待だ。第二期工事では、一万二〇〇〇人以上が建設労働者として働き、発電所でも数多くの職員が働いていた。しかし、二〇〇一年六月の操業停止後一二月までの間に、当時約五〇〇〇人の契約労働者と三〇〇人余りの正社員が解雇され、維持管理・警備要員として四〇〇人余りが残るだけだ。(8)ダボール電力は、発電所の職員として地元住民を二〇〇人雇用することを約束していたが、熟練労働者が少ないということで一〇〇人が雇われただけだった[9]。周辺の商売、レストラン、ホテルなど、多数の職員・労働者あるいは訪問客を目当てにした商業も、大きな打撃を受けている。

ダボール電力は九四年、ムンバイ高等裁判所より、地域社会に対して病院、学校、職業訓練所の建設および水供給といった厚生施策を実施するよう命じられた。現在ベッド数五〇の病院が運営されているが、二〇人の職員が解雇されて閉鎖の噂が立っている。学校と訓練所は建物が完成したものの三年間放置されているほか、水供給事業も完成していない[10]。

実施までの非民主的、不公正、脱法的過程

インドでは、前述したような卸売電力料金をめぐる問題と、事業の影響を受ける人びと・地域社会に関わる問題のほか、事業の進め方が不透明で、しかも腐敗によりエンロン社側に一方的に有利な計画になってしまったとの批判が出ている。

九二年に渡米したインド政府高官に対し、発電所建設への関心を表明したエンロン社は、すぐさまインドを訪問し、ダボールを視察した直後にマハーラシュトラ州政府とダボール発電所建設に関する覚書を結んだ。この覚書には法的拘束力はないが、発電所の種類、規模、費用などの基本を定めたものである。本来なら、十分に時間をかけ利害関係者にオープンにして事前調査をおこない、競争入札で業者を選定するのだが、それらのプロセスはいとも簡単に省略されてしまった。

また、法的側面も無視された。覚書を審査した中央電力庁は、電力料金の設定が既存の法的枠組みから逸脱していることに気づいた。エンロン社は、独自の財務基準で料金を設定するとともに、中央政府の規制による干渉を避けようとしたわけだ。インド政府が世界銀行に検討を要請したところ、財務的に成り立たない（採算が取れない）との結論だった。それにもかかわらず、事業は進められていく。九五年の州議会選挙ではダボール発電事業の中止を公約した野党が勝利したが、「再交渉」により契約に若干変更を加えて事業を継続した。その際、「インド人を教育する」ために二〇〇〇万ドルを支出したと、エンロン社の幹部があとになって語ったといわれる。(11)

料金支払をめぐるトラブルが深刻化してからマハーラシュトラ州政府が設置した検討委員会は二〇〇一年四月、この事業は最小費用の選択肢ではなく、州内外の消費者にとっても高くつくものなので、ダボール電力から電力を購入すべきではなかったと結論づけた。そのおもな理由は、エンロン社側が不合理に有利となるような交渉に問題があったためだ。検討委員会は、料金単価引下げを含めた電力購入契約（ＰＰＡ）再交渉のための大雑把なガイドラインを勧告しているほか、一部の委員は司法による調査を要求した。(12)

卸売電力料金がこれほど高くついてしまったのは、電力購入契約がテイク・オア・ペイ契約（一定量の電力を引き取るか、さもなければ契約で定めた購入量と実際に購入した量の差額を支払わなければならない）という形態に加え、為替や燃料価格の変動といった、事業に携わる誰もがコントロールできない経済的リスク（経済的不可抗力リスク）を購入側が負ったことによる。電力単価が高いために小売需要が期待よりも小さくなり、しかもルピー安、石油の値上がりなどが重なった。これに加え、『ビジネスウィーク』誌によれば、投資収益率が推定三〇％確保できるように料金が設定されていたという。[13]

こうした市場リスクと経済的不可抗力リスクを電力購入側に押し付けるしくみにより、事業主体のスポンサーである先進国大手企業、貸し手、投資家は迅速な資金回収をし、大きな利益を確保できるようになっている。しかし、この事業では、無理なやり方が現実によってしっぺ返しをくらったわけだ。なぜ、これほどまでに高い収益を求めたのだろうか。

今回のエンロン社経営破綻後におこなわれた内部調査[14]によれば、同社が簿外取引をした大きな理由は、決算を良く見せかけ、巨額の損失を隠蔽《いんぺい》することにあった。つまり、収益の高い優良企業のふりをしつづけることで、巨額な資金を安く調達し続けたのである。エンロン社が急成長を遂げたのは、多額の政治献金を通じて政治家・官僚に働きかけ、自由化・規制緩和を推進し、巨額な投資をおこなって市場をつくりだしていく手法によるところが大きい。

こうした路線を進めていくには、高収益をあげつづけていく必要がある。ダボール発電所のような大規模投資であればもちろんのことであり、投資収益率三〇％を想定していたというのもうなずける。しかも、こうした国際ビジネス成約による会社役員個人への巨額報酬は、実際の収益ではなく長期の事業収益推定額に基づいて支払われる。そのため、役員は実際のリスクを無視して賭けに出る傾向が生じた。[15]

ダボール発電事業をめぐる一連の過程で、アメリカ政府の強力な後押しがあったことも見逃せない。資金面では、アメリカ輸出入銀行が三億ドルの融資、海外民間投資会社が一億六〇〇〇万ドルの融資と一億八〇〇〇万ドルのリスク保険をかけた。これに加え、アメリカ政府高官はインド政府にいろいろと働きかけをした。九四~九七年にアメリカの駐インド大使を務めたフランク・ウィスナー・ジュニアは、その功績が認められたのか、退任直後にエンロン社の役員となった(16)。

エンロン社破綻後には、同社とブッシュ政権との構造腐敗疑惑が強まるなかで、ダボール発電事業に関してもインド側に働きかけがあったことが明らかになった。二〇〇一年の夏期までに国家安全保障会議で当事業に関する話合いがおこなわれており、さまざまな官庁の官僚から成る「ダボール作業部会」を組織し、「外交的に正しい方法で」問題を解決しようとしていた。たとえば、チェイニー副大統領が〇一年六月にインド最大野党(マハーラシュトラ州では政権与党)のガンジー国民会議派総裁と会談した際、ダボール事業の問題を議題にしている(17)。

三　アメリカの国益追求とインドネシア石炭火力発電所建設

大規模事業に巣くうアメリカと日本

アメリカ政府の影がよりはっきりと見えるのが、インドネシアの大規模発電事業の例だ。アメリカの官民一体となったインドネシア政府への強力な働きかけから、日本の官民も利益を得る構図が見える。しかも、そこにはダボール事業と類似した料金システムの問題とともに、腐敗の問題が大きく浮上してくる。

パイトン（Ⅰ期）石炭火力発電所は、ジャワ島のスラバヤ市南東九〇㎞のパイトン地区に立地する発電能力一二三〇MWの大規模発電所で、操業開始（九九年）後三〇年間にわたってインドネシア国営電力公社に卸電力を供給することになっている。総事業費は約二六億ドル（出資約八億ドル、融資約一八億ドル）で、事業主体のパイトンエナジー社は、三井物産、アメリカのエジソン・ミッションエナジー社、ジェネラルエレクトリック・キャピタル社、そしてインドネシアのバトゥ・ヒトラム・プルカサ社（BHP社）の合弁企業である。

プラント建設は三井物産、東洋エンジニアリングとアメリカ企業がおこなった。貸し手は、日本輸出入銀行（当時）をはじめとしてアメリカの輸出入銀行および海外民間投資会社が、民間銀行団には日本興業銀行、富士銀行、さくら銀行（行名はすべて当時）のほか、欧米の銀行が加わっている。日本輸出入銀行からは五億四〇〇〇万ドル、これにともなう邦銀団の協調融資（通産省貿易保険も付保）三億六〇〇〇万ドルの合わせて九億ドルが融資された。九五年に着工、九九年に操業がはじまった。

パイトン発電所でつくられる電力は、ジャワ島西部の需要を満たす計画となっており、送配電線が必要となる。このため、五〇万V基幹送電線および関連変電所の建設に対し、海外経済協力基金（当時）はODAの供与を決めた。「ジャワ・バリ系統基幹送電線建設事業（Ⅲ）」として、一〇九億一八〇〇万円の円借款契約が九八年一月に締結された。

ところが、パイトンエナジー社とインドネシア国営電力公社との間には電力料金支払をめぐって対立が生じてきた。まず、国営電力公社が九八年、パイトンエナジー社に対して翌年に生産される電力を買う予定はないと通告する。これに対し、同社は九九年、国営電力公社の未払い金約五〇〇〇万ドルについて国際仲裁裁判所に訴えた。一方、国営電力公社は一〇月ジャカルタ中央地方裁判所に対し、パイトンエナジー社との電力購入契約はスハルト政権時代の腐敗によって結ばれたので無効であると提訴した。

九九年一二月、ジャカルタ中央地裁はパイトンエナジー社に対し、国際仲裁裁判所への訴えを差し止める命令を下す。また同月、パイトンエナジー社への訴えを取り下げ、電力購入契約の再交渉をおこなうとのインドネシア政府決定に対し、国営電力公社のアドヒ・サトリヤ総裁は、アメリカ政府などからの圧力によるものと主張、この決定に抗議して辞職した。結局、二〇〇一年一〇月半ば、この電力購入契約再交渉において長期料金の見直しが大筋合意に達し、インドネシア国営電力公社の負担は三〇％程度軽減される見通しのようだ。

数々の腐敗疑惑

政府機関であるインドネシア国営電力公社が腐敗の存在を訴えているパイトン（I期）石炭火力発電所事業（以下、パイトンI事業）には、どのような腐敗疑惑があるのか。疑惑に関するアメリカでの新聞報道などを踏まえると、次の三点に分けることができる。すなわち、(一）スハルト・ファミリーへの利益供与、クローニー（とりまき）による不正行為疑惑、(二）入札における不正疑惑、(三）電力購入契約をめぐる不合理である。

（一）スハルト・ファミリーへの利益供与、クローニー（とりまき）による不正行為疑惑

スハルト元大統領の次女で、プラボウォ・スビアント元陸軍中将の妻であるシティ・ヘディアティ・ハリヤディは、パイトンＩ事業のインドネシア側最大のパートナーでプラボウォの実弟、ハシム・ジョヨハディクスモを通じて、バトゥ・ヒタム・プルカサ社（ＢＨＰ）、石炭を供給するアダロ・インドネシア社、石炭保管・ブレンドサービスをおこなうインドネシア・バルク・ターミナル社の株を保有した（ただし、エジソン・ミッションエナジー社は、アメリカの海外民間投資会社宛書簡（九九年五月六日付）で、ハリヤディは九八年半ば以降これらの株は保有していないと聞いていると述べた）。

また、事業主体のパイトンエナジー社はＢＨＰ社に対し四九六〇万ドルの融資をおこなったが、ＢＨＰ社はパイトンＩ事業の配当から返済するという破格の好条件だった。つまり、ＢＨＰ社は自己資金の出資というリスクを負うことなく、大きな利益を得る機会にありついた。

アジア開発銀行はパイトンＩ事業に対する融資を見送ったが、その理由はこうした「ファーストファミリー」（ハリヤディ）関与のためだった[18]。それにもかかわらず、日米の公的機関は巨額の融資をおこなった。

（二）入札における不正疑惑

海外民間投資会社の資料によれば、パイトンエナジー社とスハルト元大統領の次男バンバン・トリハトモジョが所有するビマンタラグループおよびアメリカのインターコンティネンタル・エレクト

リック社グループとの間で一般競争入札がおこなわれ、パイトンエナジー社が落札したことになっている。しかし、『ウォール・ストリート・ジャーナル』紙によれば、実際の過程は次のようなものだったという。[19]

スハルト元大統領は最初、ビマンタラグループ=インターコンティネンタル・エレクトリック社グループを選定する。しかし、交渉において同グループは条件で折り合わなかったため、最終的にパイトンエナジー社が指名されたが、これには条件が付いていた。すなわち、ビマンタラグループと連携し、バンバンが代理人を務めるＡＢＢコンバスチョン・エンジニアリング社のボイラーを購入するというものである。このボイラーの価格は、パイトンエナジー社が購入予定のボイラーより二〇〇〇万ドルも割高だった。

（三）電力購入契約をめぐる不合理

電力購入契約の交渉では、電力単価に関してパイトンエナジー社は一〇・三セント／kW時、インドネシア国営電力公社側は五・二セント／kW時でギャップが大きく、なかなか契約がまとまらなかった。このため、ハシム・ジョヨハディクスモがスハルトに交渉した結果、スハルトは「九セントを超えてはならない」と述べた。この三週間後、パイトンエナジー社は八・六セントを提示した。

インドネシア国営電力公社のジテン・マルスディ総裁は九七年、インドネシア国会で、「政治的影響力」により高すぎる料金設定・買取り保証に合意すること、および必要以上の発電所建設を約束することを余儀なくされたと語った。スハルト退陣（九八年五月）後のインドネシア国営電力公社による提訴は既述の通りだ。

アメリカ政府の商業戦略としてのパイトンⅠ事業

このような疑惑の中心人物であるハシム・ジョヨハディクスモをエジソン・ミッションエナジー社に推薦したのは、バリー駐インドネシアアメリカ大使だった（前述の海外民間投資会社宛書簡）。そして、「ファーストファミリーの関与」により融資を見送ったアジア開発銀行の穴を埋めるため、ブラウン商務長官を中心にアメリカ輸出入銀行および海外民間投資会社という公的金融機関に融資を働きかけ、実現にこぎつけたのである。

さらにアメリカ政府は、政府高官によるインドネシア訪問やアメリカ大使館の積極的な働きかけにより、この事業への保証を渋っていたインドネシア政府からサポートレターを出させることにも成功した。この保証がなければ、資金調達など事業の推進は困難だったのである。その意味で、三井物産にとってもアメリカ企業と組むことがこの事業を成立させる大きな鍵になった[20]。

また、料金支払いをめぐるトラブルが発生すると、アメリカ政府はアジア開発銀行の対インドネシア電力部門改革向け融資四億ドルを止めようと圧力をかけることを含め、さまざまな形でインドネシア政府に譲歩を求めた。さらに、問題の解決のために、エジソン・インターナショナル社重役のクリストファー元国務長官がインドネシアに派遣された[21]。

こうしたアメリカ政府の政策が、腐敗疑惑にどのように影響をおよぼしたのかについては不透明な部分が多い。だが、少なくとも確実に言えるのは、スハルト一族の関与という事実に対し、アジア開発銀行はこれを非として融資しなかったのに対し、アメリカ政府と日本政府は問題なしとして推進したということだ。腐敗が事実かどうかは明らかになっていないが、その「状況証拠」として建設費が法外に高いことが指摘されている。つまり、賄賂として支出した多額の費用を建設費に上乗せして回収しようとしたのではないかという疑惑だ。

インドネシア政府がカナダのエンジニアリング・建設企業SNC―ラバリングループに監査を委託した結果、パイトンI事業のエンジニアリング、調達、建設費用は、パイトンエナジー社の見積り一七億七〇〇〇万ドルに対し一〇億三〇〇〇万ドルで建設できるとして、七二％も割高との結論が出た。[22] この監査結果が正しいとすれば、インドネシアの人びとは賄賂分（あるいはそれ以上）が割高になった電力料金を支払わさせられている可能性があることになる。

こうしたアメリカ式の政・官・業の三位一体によるあり方は、企業側の働きかけがあるのはもちろんだが、クリントン政権下で確立された政策の一環でもある。

商務省に設置された「アドボカシー・センター」は、一九省庁からなる貿易振興調整会議とともに、国益となるグローバル競争でアメリカ企業を積極的に支援する政策――別名「地ならし」政策をおこなってきた。その目的は、アメリカ経済の健全性・繁栄を促進する手段として輸出ならびに輸出に関連した雇用を拡大するために、アメリカ政府が政府首脳・高官によるトップセールス・ロビー活動、入札に関する情報収集・提供、交渉での必要な補佐、資金供与などを通じ、アメリカ企業の受注を支援することにある[23]。

この貿易振興調整会議が作成した「インドネシア――商業戦略・貿易振興計画」と題する文書では、民間電力部門は航空・宇宙部門とともに優先分野とされており、戦略のなかにはアメリカ企業による日本の援助機関からの資金確保を包括的に支援することも含まれている[24]。パイトンI事業は、インドネシア最初の大規模民間発電事業であり、その成功は将来「アメリカ企業に巨額のビジネス機会をもたらす」（商務省）とみなされていた。

アドボカシー・センターは、この「地ならし」政策の成果、すなわちアメリカ企業の受注拡大を誇ってきた。しかし、欧州議会は二〇〇一年五月、「地ならし」政策では貿易振興調整会議メンバーのCIAやNSA（国家安全保障局）が人工衛星などを使った大規模な通信傍受網（暗号名「エシュロン」）を、「限定的」とはいえ産業スパイ目的に使用しており、人権やプライバシーを侵害しているとの報告書草案を発表し、世界に衝撃を与えた（このエシュロン調査特別委員会は同年七月に、最終報告書を採択した）。アメリカ政府は、腐敗や不正の証拠を集めるために通信傍受（すなわち盗聴）をしていると言いながら、実際にはアメリカ企業の競争相手の情報を取得し、アメリカ企業に提供して有利な計らいをしていたという主張である[25]。

四　衝突する事業推進側の論理と生活者の論理

独立発電事業体による事業の問題点

これまで述べてきたような問題のおもな原因を、エンロン社のような特定の会社、あるいはアメリカという特定の国の政策だけに帰すことができるだろうか。

現実の経験からは、そうは言えないようである。たとえば、世界各地で実施されている民間主導発電事業、すなわち独立発電事業体（ＩＰＰ）がおこなう事業に関する事例研究によれば、以下のような共通問題が浮かび上がってくる。[26]

まず、ＩＰＰ事業は電力購入契約で決められた卸売電力料金が高い上、一般消費者からの収入はＩＰＰ事業への支払いを最優先させる特別の銀行口座に入れるよう定められているので、受入国政府は収入の使途を自由に決められない。世界銀行グループの国際金融公社幹部は、ＩＰＰ事業のおかげで限られた政府予算を医療や教育といった他の優先課題にまわすことができると述べたが、実際はほかに充てるべき予算さえもＩＰＰへの支払いにまわさざるを得なくなっている。

また、電力購入契約での契約期間は何十年にもおよび、その間状況に大きな変化が生じることも容易に考えられるが、購入条件の変更は容易でない。電力の需給がどう変化しようと（需要が減ったり、より安価で社会・環境面でやさしい供給源が利用可能となっても）、決められた量について支払いをしなければならない。料金も為替レートがどう変化しようと、米ドルなどの外貨をベースとしてあらかじめ決められている。したがって、市場メカニズム導入による効率化の達成という目的とは裏腹に、競争原理および効率化のためのインセンティブは働かず、事業主体に「モラル・ハザード（倫理の欠如）」を招きやすくなる。

さらに、ＩＰＰ事業は資本集約的で、変動費で最大の割合を占めるのは人件費となるため、コスト削減のインセンティブとして考えられるのは唯一、従業員の解雇や賃金カットである。とくに、ＩＰＰ事業の電力料金は一般に割高となったり、供給能力を過大に設定される傾向があるのでなおさらだ。その理由として、競争メカニズムの欠如、受入国政府の経験不足のほか、腐敗の存在も指摘されている。すでに財政基盤が弱くなっている国営電力企業の債務を大幅に増加させ、民営化を誘発することがある。その結果として、小売電力料金の大幅な上昇および停電の延長をもたらす場合がある。しかも、決められた電力量に対して外貨ベースで支払いつづけなければならず、自国通貨安になればなるほど対外債務を増やすことになる。債務の返済ができなくなった場合の債務繰り延べといった対処メカニズムは、ＩＰＰ事業には存在しないようである。

実際、国営電力企業が卸売電力料金を支払えなくなったため、電力購入契約の再交渉にのぞまざるを得ないＩＰＰが増加している。電力購入契約は違法であり実施できないと宣言する受入国が何カ国も出てきている。

電力購入契約でとくに重要なのは、複雑に絡むリスクを利害関係者間でどのように配分するかとい

表　IPP 事業における利害関係者別直接・間接リスクの配分

利害関係者	直接リスク	間接リスク
IPP	他社との競争、技術的に実施可能でない、商業的・財務的に実施可能でない、当局からの許認可・承認を得られない、政治的変化・金利上昇、結果損害*・不可抗力**、通貨換金の制限、 電力購入契約で定められた事業成果が達成できない、運営・保守費用の上昇	電力購入者の電力購入契約不履行 燃料供給の中断 運転・保守が計画通りに達成できない
受入国政府	法令変更／内政不安	電力購入者の電力購入契約不履行***
電力購入者	不十分な電力需要、低すぎる小売料金、自国通貨安、燃料価格上昇、政治的干渉	IPP の電力購入契約不履行、商業的・財務的に実施可能でない、当局からの許認可・承認を得られない。
貸し手		IPP の電力購入契約不履行、電力購入者の電力購入契約不履行、不可抗力、通貨換金の制限
コントラクター(建設請負業者)	建設費上昇、プラント能力が計画通りに発揮できない、工程通りに完成できない、不可抗力	
燃料供給者	燃料供給中断	
運営者	運転・保守を計画通りに実施できない	
保険供与者		不可抗力(予知予防不可能な天災など、政治的リスク)、通貨換金の制限

（注）＊契約不履行から直接生じていないが、不履行が「予見できる結果」生じる損害。
＊＊契約で合意した利害関係者が制御できない事象から生じるリスク。
＊＊＊受入国政府が不履行に対する保証を行っている場合のみ。

（出典）Crow, Robert Thomas, *Foreign Direct Investment in New Electricity Generating Capacity in Developing Asia : Stakeholders, Risks, and the Search for a New Paradigm,* Asia/Pacific Research Center, Stanford University, Jan., 2001, P.21.

う点だ。一般に配分されている利害関係者ごとのリスクを次の表に示す。一般的ルールは、当該リスクをもっともよくコントロールできる者に配分するということだが、市場メカニズムが働く場合には考えられないようなリスクの転嫁がある。

たとえば、市場での燃料価格上昇は供給者も購入者も負うリスクである。ところが、ＩＰＰ事業の場合は、供給者も直接の購入者であるＩＰＰもまったく負わず、すべて電力購入者に転嫁している。

同様に、電力の生産者たるＩＰＰは、電力需要および価格に関する市場リスクをいっさい負わず、これらもすべて電力購入者が負うことになる。なかでも、利害関係者の誰もが制御できないリスクについては、誰がリスクを引き受けるかで揉《も》めることが多いが、結局は電力購入者が引き受けざるを得ない傾向にある[27]。誰もが制御できないリスクとは、たとえば世界市場の燃料価格上昇、通貨安、高金利、高インフレ、マクロ経済の急激な悪化による電力需要の低下など、災害あるいは政治的不可抗力として保険の対象にはならない、いわば「経済的不可抗力」である。

ところで、この表の「利害関係者」は、事業実施契約に関わる組織だけで、本来の意味での利害関係者のうち含まれていない人びとがいる。それは、事業に直接・間接の影響を受ける周辺住民、および電力の最終消費者だ。この両者には、実際に大きなリスクや悪影響を受ける人びともいる。それにもかかわらず、これらの人びとの意思を反映するしくみにはなっておらず、無視されている。逆に、一方的に得をする人たち、つまり腐敗がある場合の政治家あるいは官僚などの利害関係者も含まれていない。

事業主体選定の手続きが、競争入札か、あるいは直接交渉かという点では、どうだろうか。まず、競争入札がもっとも効率的で、腐敗に染まる危険性もより少ない。競争のない直接交渉では、電力購入者は競争がおこなわれた場合の条件と同等の電力購入契約を得る結果にはならない。交渉も一般に公開されないので、腐敗しているのではないかとの疑念を生じかねない。それにもかかわらず、直接交渉で結ばれる電力購入契約が多い理由としては、受入国政府が入札するのに十分な技術的・財務的専門性がないことなどが指摘されている(28)。

このように、腐敗を招きやすく、「市場メカニズムによる効率化」とはかけ離れたしくみにより、事業主体のスポンサーである先進国大手企業、貸し手、投資家は、資金回収により大きな利益を確保できる。他方、そうした不利な条件を飲んででも、受入国政府は発電能力を増強したいのだとも考えられる。しかし、引き受けた大きなリスクのツケは、最終的には料金の値上げ、債務といった形で受入国の民衆にまわされることになる。

生活を破壊していく論理——フィリピン・サンロケ多目的ダム事業

以上のような民間主導の発電事業を推進する側の論理は、発電所やダムの建設による影響を直接被る地域住民に対して、どのような影響をおよぼすのだろうか。ここでは、フィリピンのサンロケダムの事例を通じて考えてみたい。

この事業は、首都マニラ北方約二〇〇kmにある山岳地域を流れるアグノ川に、アジア最大級のダムを建設して、発電、灌漑、洪水対策、水質改善など多目的に水を利用しようというものだ。発電に関する事業主体は、サンロケパワー社といい、丸紅が中心となってアメリカのサイスエナジー社と関西電力が出資している。サンロケパワー社とフィリピン国営電力会社がダムを建設、サンロケパワー社が総出力三四五MWの水力発電所を建設して、二五年間にわたりフィリピン国営電力会社に卸売電力を販売する。

ダムおよび発電所の建設には、約一二億ドルが必要になると見込まれた。サンロケパワー社の自己資金は約一・三億ドルだったが、投資金融として日本輸出入銀行（当時）から約三億ドル、民間邦銀団（東京三菱、富士、住友、住友信託、さくら、三和、農林中金。行名はすべて当時）から約一・一億ドル、合わせて約四億ドル余りの協調融資を受けた。また、日本輸出入銀行はフィリピン国営電力会社に対し、（非発電）ダム部門向けアンタイドローンとして約四億ドルを追加融資した。

サンロケダムは、九八年二月の着工以来、工事全体の九〇％程度が終了している。それにもかかわらず、この事業に対する住民の反対は依然として根強い。とくに、ダム上流域では事業開始前から一貫して反対が続いている。この地に住む先住民族イバロイの人びとは、自分たちに残された最後の土地さえも失ってしまうという危機感を強く抱いているからだ。「土地は命なり」という言葉に象徴されるように、土地の恵みを受ける生活を営み、その上に自分たちの相互扶助システム、文化、知恵を築いてきた人びとにとって、「イバロイとしての生き方」を否定されるのに等しいという。その危機感は、経験に基づいたものだ。

一九五〇年代、六〇年代に相次いでサンロケダムの上流に建設されたアンブクラオおよびビンガ両ダム、そして大規模な鉱山開発は、イバロイなど先住民族の土地を奪ってきた。立ち退きさせられた人びとは、遠い地へ離散を余儀なくされたり、きちんとした補償を受けていない。両ダムは、土砂堆積により想定していた能力を果たさなくなっただけでなく、川床が上がったために川沿いの人びとは洪水の被害を受けやすくなり、住居や田畑などの土地を喪失することになった。

サンロケダムの場合も、実施主体のサンロケパワー社、フィリピン国営電力会社の事前調査・地域住民への対応および貸し手である国際協力銀行の審査のずさんさは、いくつかの事実から明らかになっている。

九八年八月一〇日、サンロケ事業に関する日本輸出入銀行（当時）と鷲見一夫、諏訪勝両氏そしてわたしとの面談で、影響を受ける自治体の一つであるイトゴン市議会が承認しているかどうかをわたしが尋ねた際、すでに承認は得ているとの回答があった。フィリピン国内法では、事業実施の前提条件として、影響を受ける地方自治体の承認を受けなければならない。日本輸出入銀行は同年一二月に融資を決定したが、イトゴン市議会が承認したのは九九年一月になってからだということがのちにわかった。

また、着工後一年余りたった九九年三月、実施側も日本輸出入銀行も水没による立ち退き世帯は先住民族のイバロイ三世帯のみとしていたが、実際は六一世帯になることが判明した。このため、日本輸出入銀行は融資の実行を停止した。再開の条件は、水没世帯全員の同意だけでなく、水没以外で影響を受ける住民との協議、「先住民族への十分な配慮」を含めた対策などである。[29]

九九年九月に融資再開が決定される前日には、来日した一人のイバロイが、国会議員およびＮＧＯの尽力で日本輸出入銀行側と面会し、つぎのように述べた。

「サンロケダム上流域は、まとまった数のイバロイが住む最後に残された先祖伝来の土地であり、それが建設によって事実上住めなくなってしまう可能性がある、つまり民族として生き残れるかどうかの瀬戸際に立っている」

加えて、実施側に対してこうした懸念を表明しても、「調査する」とか、「上司に伝える」などと言われるだけで、実質的な回答はまだない、と訴えた。これに対し、日本輸出入銀行側は、つぎのように答えた。

「堆砂問題は生じないし、実施側は住民との協議を通じて『誤解』を解く努力をしている。万が一問題が生じても、モニタリング体制や解決していく枠組みはできているので問題ない[30]」

しかし、これは間違いだ。ダムの運営期間中はたとえ大きな問題が生じなくても、堆砂は年月とともに確実に進んでいくからである。

日本輸出入銀行が融資の再開を決定したということは、その条件の一つとしていた先住民族への十分な配慮と協議が実際にはおこなわれていないとするイバロイの訴えを、事実上却下したことになる。しかし、この判断の正当性を揺るがす事実が二〇〇一年六月、フィリピン政府機関によっても明らかになった。

サンロケ事業はフィリピンの先住民族権利法（共和国法第八三七一号）で定められている要件を満たしていなかったことが、調査により明らかとされたのである。つまり、同法によれば、開発事業の実施／着工以前に、影響を受ける先住民族が「十分に知らされた上で自由意思による事前合意」をおこなっていなければならないのに、こうした合意はもちろんのこと、合意を取り付けるための手続きさえいっさいおこなわれていなかった。しかも、本事業に支持を公言していた住民組織にも、「共同体の多くの人びとが、とにかく事業がすでに実施に移されているからと（実施側から）説得されて補償に合意したので、抗議しないことにした」という意見が少なからずあった。[31]

日本輸出入銀行の問題解決アプローチの特徴は、解決のための具体策の是非に関する判断というよりは、組織的・制度的枠組みができればよしとするものだ。しかし、このアプローチは枠組みの実効性まで保障するわけではないので、問題の将来への先送り、ひいては責任回避につながりかねない。逆に言えば、最初に事業の実施ありきという判断があったためだと考えられる。

この点は、サンロケ事業への融資に関して、日本輸出入銀行・市中銀行団の法律顧問を務めた国際法律事務所の評価からも推察できる。この事業はアジア経済危機以降、フィリピンではじめて成立したIPPによる事業であり、「アジア経済危機や日本の経済的困難にもかかわらず、日本輸出入銀行がアジアにおける資金調達支援に引き続きコミットすること」を示しているという。[32]

このような評価が、国際政治・経済の場での評価と同じだとしたら、アジア経済危機以降の日本の役割、日本輸出入銀行の役割としてはサンロケ事業に何がなんでも融資しなければならない、と思ったとしても不思議ではない。しかも、民間主導のインフラ整備は、政府の経済協力の新しい目玉である。国内不況がつづくなかで、日本企業の「有望な」投資を支援するのは言うまでもない。

押し付けられる過大なリスク、「将来の先食い」に支配されていく生活

これまで述べてきた民間主導発電事業は、生活者にとってどのような意味をもつのだろうか。それを考えるには、まず、事業推進の行為がどのようなものなのか、その特性を明らかにする必要がある。ここでは、「リスク」と「価値」というキーワードを中心に考えてみたい。

ＩＰＰ事業のようにプロジェクト・ファイナンス[33]に基づく投資の場合、二〇六ページの表で見たように、将来のリスクをどのように配分するかがきわめて重要となる。

この「リスク」とは、近代資本主義にともなって出てきた概念である。すなわち、「借り手と貸し手の投資の意思決定がもたらすであろう結果の確率を算定すること」を意味する（その後、さまざまな不確実な状況を総称する言葉として一般に使われるようになった）。別の言い方をすれば、大金持ちになるための「未来を自由に操るための道具」だが、当然ながら不確実性をともなうため、保険という「リスクの再分配」を通じた基本的安全保障が必要となった[34]。プロジェクト・ファイナンスでは、こうした「リスクの再分配」を保険会社のみならず、さまざまな利害関係者が引き受けることで、大規模な投資が可能となった。

つぎに「将来の先食い」、すなわち将来の経済的価値の先取りという点だ。基本的に将来の収益を

返済に充てることで、巨額の資金をそれに見合うだけの十分な価値のある資産（土地など）を担保として差し出すことなく借りることができる。しかも、たとえ事業が破綻しても、事業に出資している企業は責任を負わなくてすむ。リスクの配分と同様、投資家が大きなリスクに挑戦できる仕掛けだ。

しかし一般生活者、とりわけ事業から直接影響を受ける周辺住民のリスクは、検討の蚊帳の外に置かれている。これら生活者のリスクは、利益のために積極的に引き受ける利害関係者と違い、無理やり背負わされるものだ。もちろん、事前におこなわれる環境影響評価を踏まえ、こうした社会・環境面への影響は配慮される。しかし、他の利害関係者のリスクおよび対処が電力購入契約という契約を通じ法的拘束力をもつのに対し、二〇六ページの表の「利害関係者」欄に周辺住民がないように、彼らが押し付けられたリスクについて同様な措置が採られることはない。いい加減に扱おうと思えばそのように扱うことができる。

将来の経済的価値の先取りも、生活者に対して大きな問題を引き起こしている。この「先取り」は、現代資本主義の主要な特徴となっている。従来の経済では、経済活動によってあとから生まれた価値の分配が問題とされてきたが、現在では価値が産み出される前に先取り、あるいは先食いされてしまうことが問題を引き起こしている。

廣田尚久氏は、実際に生み出される前の価値を「虚の価値」と呼び、このまだ中身の入っていない空の価値を埋めようとして、あとの経済、政治、社会ひいては人間の諸行動を拘束することから問題が生じると主張している。たとえば、わたしたちがいまもって苦しんでいるバブル経済の後遺症を

「バブル（泡）なら消えてしまえばそれでおしまいだが、先取りは消えることがない。先の先まで人びとを拘束し苦しめ、経済を破壊している」と指摘する。[35]

ＩＰＰ事業の場合、「虚の価値」を先取りして巨額の借金をし、この費用回収に、予定した高い利益（投資収益率）を上乗せした金額に相当する「虚の価値」が、実際の経済活動がどうであれ、必ず「実の価値」になるようなしくみをつくっている。それが、電気料金の設定を中心とする電力購入契約の正体だ。つまり、「未来を自由に操る」という幻想からさらに先に進んで、電力購入契約に決められているように「未来を無理やり合わせる」ことで、大きな利益をあげようとする。そこで生じる矛盾が電力購入者や受入国政府とのトラブルになってあらわれているわけだが、もっとも深刻な打撃を受ける周辺住民や一般生活者に対する保護措置は、ほとんど講じられていない。

破壊される質素で豊かな暮らし

サンロケ多目的ダム事業を例に、具体的に考えてみよう。二一六ページの図は、事業の利害関係者のうち、わかりやすくするために事業主体と周辺住民だけを取り上げ、それぞれのリスクと経済的価値（正味）が事業の開始時点を中心に、どのように変化するかを示したものだ。あくまでも概念的イメージであることをお断りしておく。

まず、事業主体の場合、その事業を実施にこぎつけるまでの間に多くの時間・労力・費用を注ぎ込みながらも、大きなリスクを抱えており、実施段階に至ることのできる候補案件の割合はごく小さ

図　事業主体と周辺住民の経済的価値・リスクの変化に関する概念的イメージ――サンロケ多目的ダム事業の事例に基づく

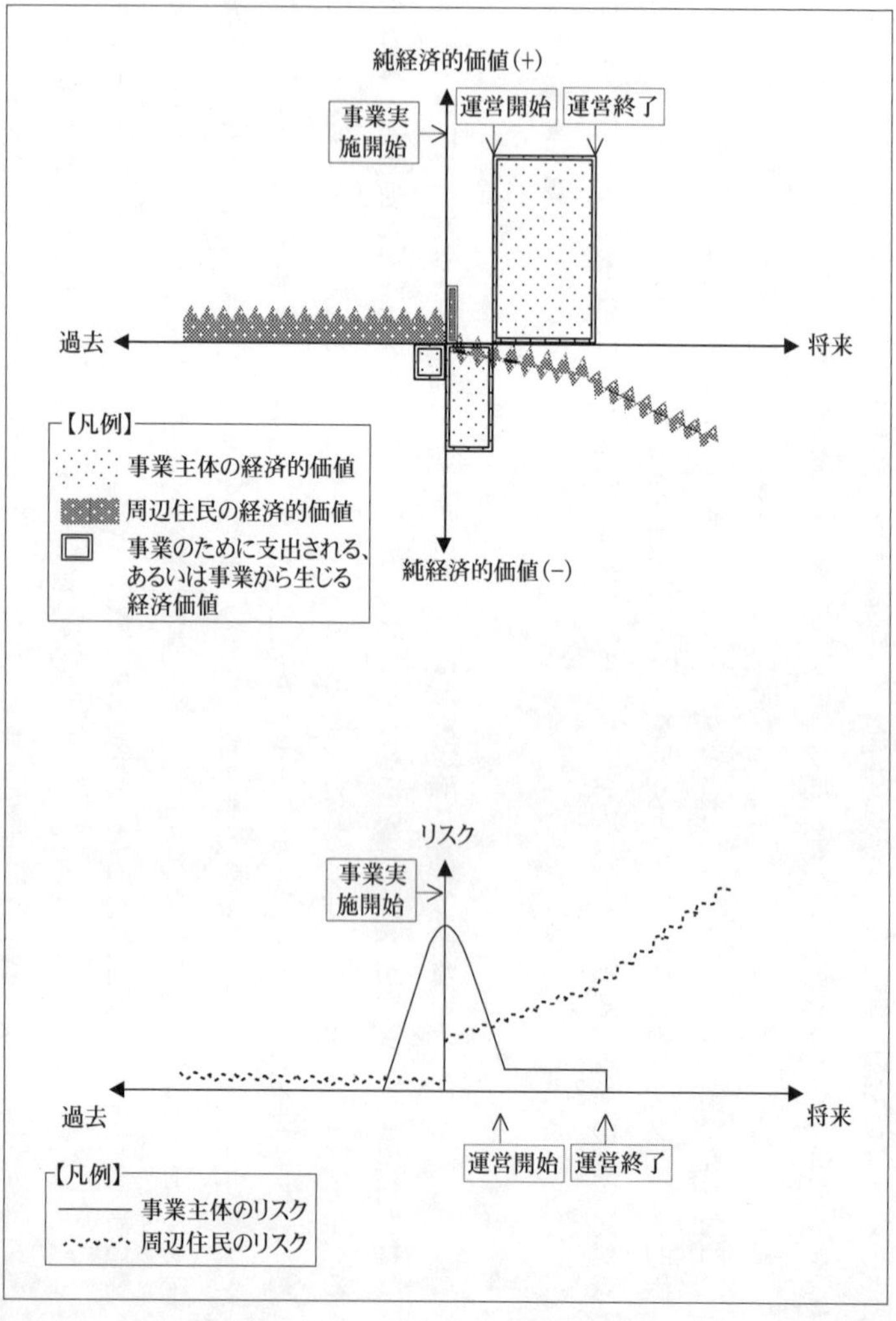

い。しかし、実施に移されてからはリスクが減っていき、発電事業の運営がいったん開始されると、リスクは大きく軽減され、かなり安定したものになる。主として建設に巨額な費用がかかるが、運営開始後一定期間（サンロケ・ダムの場合二五年間）電力をフィリピン国営電力会社に安定的に販売することで、借入金返済はもちろん、予定した利益を十分にあげられることになっている（施設の売却益も出る）。

他方、周辺住民の場合はどうだろうか。事業主体との大きな違いは、事業がはじまる前も先祖代々この地に居住、生活してきており、事業が終わっても、現在に生きる人びとあるいは子孫はその地で生活していくということだ。経済活動に限ってみると、主要な生計手段は農業と砂金採取だ。米、野菜などの農産物のほか、マンゴー、バナナなどの果樹や家畜を自家消費したり、現金収入を得ている。収入源でもっとも重要なのはアグノ川からの砂金採取だが、川からは魚も獲れるし、山からは自家消費用の木材や薬草などを得ている。

このように、生計手段は自然環境に大きく依存しているが、自然の不確実性にともなうリスクを生計手段の多様化で軽減するとともに、伝統的に築かれてきた相互扶助システムなどの社会関係によってもリスクを減らしてきた。したがって、ある程度の波はあるだろうが、質素ではあっても十分な生活ができ、しかも安定していると考えられる。反対運動の先頭に立ってきたイバロイの長老パスカル・ポグディィン氏は、「天国のような場所」と表現していた（同氏は二〇〇一年に逝去された）。

しかし、この事業がはじまってから、立ち退き、砂金採取などの生計手段喪失など、生活・生計に大きな悪影響が出てきている。こうした悪影響に対する補償は、土地や私有財産などに限定され、砂金採取などの経済活動に対してはおこなわれない。補償額も十分かどうか疑問が残る。とくに問題なのは、十分かつ安定した代替的な生計手段を得られていないことだ。また、社会的な相互扶助関係も分断されることで、とても大きなリスクを背負わされる。

先住民族を中心に、実際の経験に基づいた堆砂による影響が懸念されているが、このリスクは時間の経過とともに確実に増していく。とくに、運営が終了してからは、流域管理などによる緩和策がつづけられるとは考えにくいので、リスクはますます増大していくだろう。一時的に補償金は得られたとしても、一般には、環境の悪化・劣化、資源へのアクセスが困難になることにより周辺住民が得る正味の経済価値は減少していき、堆砂の影響が生じたときには、急激に悪化するだろう。さらに、社会的価値および文化的価値（とくに先住民族）も含めたら、その喪失は計り知れないものとなろう。

このように、民間主導の発電事業には、特定の企業や政策の問題のみならず、「正当な」経済のルールとして進められている原理のなかに、質素だけれども豊かな生活を破壊する力がある。

ＪＢＩＣは、これまで述べてきた事業のほかにも、自ら出資・融資したパキスタンのハブ石油火力発電所建設で料金をめぐるトラブルや腐敗疑惑を抱えている。住民の強い反対を受けているタイのヒンクルットおよびボーノック両石炭火力発電所建設にも融資するのではないかと噂されている。こうした事業を、これ以上進めるべきではない。

（1） Izaguirre, Ada Karina, "Private Participation in Energy" *Public Policy for the Private Sector*, Note No.208, World Bank, May, 2000 P.2.

（2） 貿易保険の主目的は、保険によるリスクの軽減を通じて日本企業の国際貿易・投資活動を促進支援することにある。

（3） "Project finance : Dabhol–the big one" *Project Finance*, London, Jan.2000.

（4） "DPC phase–II power not required : Maharashtra" *The Financial Express*, Feb.15 2002.

（5） Human Rights Watch, *The Enron Corporation : Corporate Complicity in Human Rights Violations*, 1999（http : //www.hrw.org/reports/1999/enron/）.

（6） Roy, Sandip "India : Enron's Debacle at Dabhol" *CorpWatch* Feb.8, 2002.

（7） Spaeth, Anthony "Bright Lights, Big Bill" *TIME Asia*, Feb.18, 2002.

（8） Chaudhary, Archana "After a stint, the party is over for Dabhol residents" *Business Line* Internet Edition, Dec.25, 2001.

（9） "Enron's Dabhol power plant to light up Maharashtra by March–end" *Rediff On the Net*, Feb.10, 1999.

（10） Chaudhary, op. cit., Jathar, Dnyanesh "ENDRON" *The Week*, Oct.14, 2001.

（11） D'Monte, Darryl *Enduring the Power of Enron* Dec.29, 2000（http : //www.india–syndicate.com/sci/ddenv/29 dec 00.htm）.

（12） Energy Review Committee, *Report of the Energy Review Committe*（*PartI*）, Maharashtra State, April 2001（http : //www.maharashtra.gov.in/english/energy/htmldocs/）.

（13） "Enron Switches Signals in India" *Business Week*, New York, Jan.8 2001.

（14） Powers, William Jr. et.al, *Report of Investigation by the Special Investigative Committee of the Board of Directors of Enron Corp*. Feb.1, 2002（http : //news.findlaw.com/hdocs/docs/enron/sicreport/sicreport 020102.pdf）.

（15） Grimaldi, James V. "Enron took risks around the world" *The Washington Post*, Feb.16, 2002. また、スタンフォード大学のジェフリー・フェファー経営学大学院教授は、「株価がすべて」という信念が会社の

価値だけでなく、自分自身および仕事の価値を支配している、と指摘する（Pearlstein, Steven "Debating the Enron Effect" *The Washington Post,* Feb.17, 2002.）。

（16） Milbank, Dana and Blustein, Paul "White House Aided Enron in Dispute" *The Washington Post,* Jan.19, 2002.

（17） Burger, Timothy J. "Cheney Tried to Aid Enron Key Role in India Debt Row" *Daily News,* Jan.18, 2002. および Milbank, op. cit. また、フライシャー報道官は〇二年一月一八日、チェイニー副大統領の件、およびブッシュ大統領がバジパイ首相との会談直前になって議題からはずしたことを認めた。副大統領の件については、エンロン社からの働きかけは無く、アメリカの税金が使われており雇用創出にも関連するので議題に上げたにすぎないという（http : //www.whitehouse.gov/news/releases/2002/01/print/20020118–8.html）。

（18） 情報公開請求により開示された商務省などの内部文書より。*Paiton power plant deal for Suharto and family*（http : //www.softwar.net/paiton 2.html）（http : //www.softwar.net/kkn.html）.

（19） Waldman, Peter and Solomon, Jay "Wasted Energy : How U.S. Companies and Suharto's Circle Electrified Indonesia" *Wall Street Journal,* Dec.23, 1998.

（20） 丸田敦「三井物産の危機管理――アメリカと組む究極のプロジェクト管理」『ＡＳＩＡ』一九九八年九月号、一三～一七ページ。

（21） Kranhold, Kathryn "Edison International has launched internal probe of Indonesia Project" *Wall Street Journal,* March 17, 1999.

（22） Solomon, Jay "Costs of Power Plant in Indonesia Inflated" *Wall Street Journal,* Dec.26, 2000.

（23） TPCC, Advocacy Center, *Levelling the Playing Field around the World,* March 22, 1995（http : //www.heise.de/tp/deutsch/special/ech/7743）.

（24） 開示された貿易振興調整会議内部文書（九四年八月一七日付）（http : //www.heise.de/tp/deutsch/special/ech/7749）。

(25) Nizkor Int. Human Rights Team, *ECHELON Violates Human Rights Treaties*, June 10, 2001 (http://cndyorks.gn.apc.org/yspace/articles/echelon 22.htm).
(26) Bayliss, Kate and Hall, David. *Independent Power Producers: A Review of the Issues*, PSIRU, University of Greenwich, Nov.2000 (http://www.indiainfoline.com/infr/spfe/inpp/).
(27) Crow, Robert Thomas, *Foreign Direct Investment in New Electricity Generating Capacity in Developing Asia: Stakeholders, Risks, and the Search for a New Paradigm*, Asia/Pacific Research Center, Stanford University, Jan., 2001.
(28) cruw, op. cit.
(29) 国会議員の求めに応じて日本輸出入銀行が出した文書（九九年八月五日付）による。
(30) 九九年九月二一日、岡崎トミ子議員のアレンジで面会した際、西村潔日本輸出入銀行営業第一部課長（当時）を中心にこのような発言があった。サンロケ問題について日本側で中心となっているNGOはＦｏＥ Ｊａｐａｎ（旧・地球の友ジャパン）とＣＦＦＣ（フィリピンのこどもたちの未来のための運動）である。
(31) Joint OPAIA/NCIP, *Consultations among the Indigenous Peoples/Communities in Itogon, Benguet affected by the San Roque Multipurpose Project*, June, 2001.
(32) Milbank, Tweed, Hadley & MacCloy, *San Roque $937 Million Power Plant Financing Marks The First Independent Power Plant Financing Since The Asian Financial Crisis*, Dec.,1998 (http://www.milbank.com/press 100.htm).
(33) ファイナンスの一形態で、事業主体は必要資金を貸し付けてもらうためにそれに見合う資産を担保として差し出す必要はない。借入金の返済は基本的に、事業自体から生み出される利益を当て込むからだ。事業主体にとって見れば、より少ない自己資金でより大きな資金を集めることが可能となる。
(34) アンソニー・ギデンズ、佐和隆光訳『暴走する世界――グローバリゼーションは何をどう変えるのか』ダイヤモンド社、二〇〇一年、四八～五七ページ。
(35) 廣田尚久『デス』毎日新聞社、一九九九年、一一九～一二九ページ。

第6章　紛争後の復興支援とＮＧＯ・東ティモール

越田　清和

1　逆転した構図

わたしがはじめて東ティモールの地を踏んだのは、二〇〇〇年三月のことである。首都ディリで目に付いたのは、多くの国際機関やＮＧＯが開いた事務所や、「ＵＮ（国連）」と書かれたトラック、乗用車だった。

一九九九年八月の住民投票後、インドネシア国軍・民兵により破壊された建物は、たしかにそのままの姿で投げ出されていた。しかし、それらの廃墟のごみが、きちんと片付けられていて、その風景が、わたしの心に強く焼きついた。また、夕暮れの町を歩く人たちののんびりしたたたずまいも、わたしの先入観を変えてしまうものだった。なぜなら、それまでわたしは、東ティモールに対して「破壊されつくした国」というイメージを抱いていたからだ。そこには、惨劇から半年が過ぎ、先行きはわからないながらも、インドネシアによる過酷な支配から解放された自由を楽しんでいる人たちの姿があった。

しかし、東ティモールが直面していたもう一つの現実は、実はこうした人びとの姿とは無縁のところにあった。それは、「紛争後の復興支援」という名のもとにやってくる、国際社会からの新たな圧力である。

九九年一二月、アジア人権賞受賞のために来日した東ティモールのジョビト・レゴ神父は、こう話した。

「東ティモール人の社会は、いわば拡大家族です。人と人との関係はたいへん広く、深い。しかし、投票後の暴力によって、こうした人びととの関係性もひどく破壊されてしまった。東ティモールにあるすべてのコミュニティ、ＮＧＯ、諸組織の真の役割は、このような本来の暮らしを営める環境を創りあげていくことなのです。しかしいま、さまざまな国際勢力が、東ティモールになだれ込んできています。これは、ある種の侵略といってもいいくらいです」

武力支配からの解放を求める闘いに勝利したのは東ティモール人であるにもかかわらず、敗者となったインドネシアを支えつづけた日本やアメリカ、オーストラリア、そして世界銀行などの国際機関が、今度は新生東ティモールの「国家建設」のイニシアティブをとっている。勝者と敗者が逆転してしまったかのような構図である。

この逆転を正当化しているのが、国際機関や各国政府が多用する「復興支援」あるいは「平和構

図　東ティモールへの主要国の援助（1999―2001年）
（単位：100万ドル）

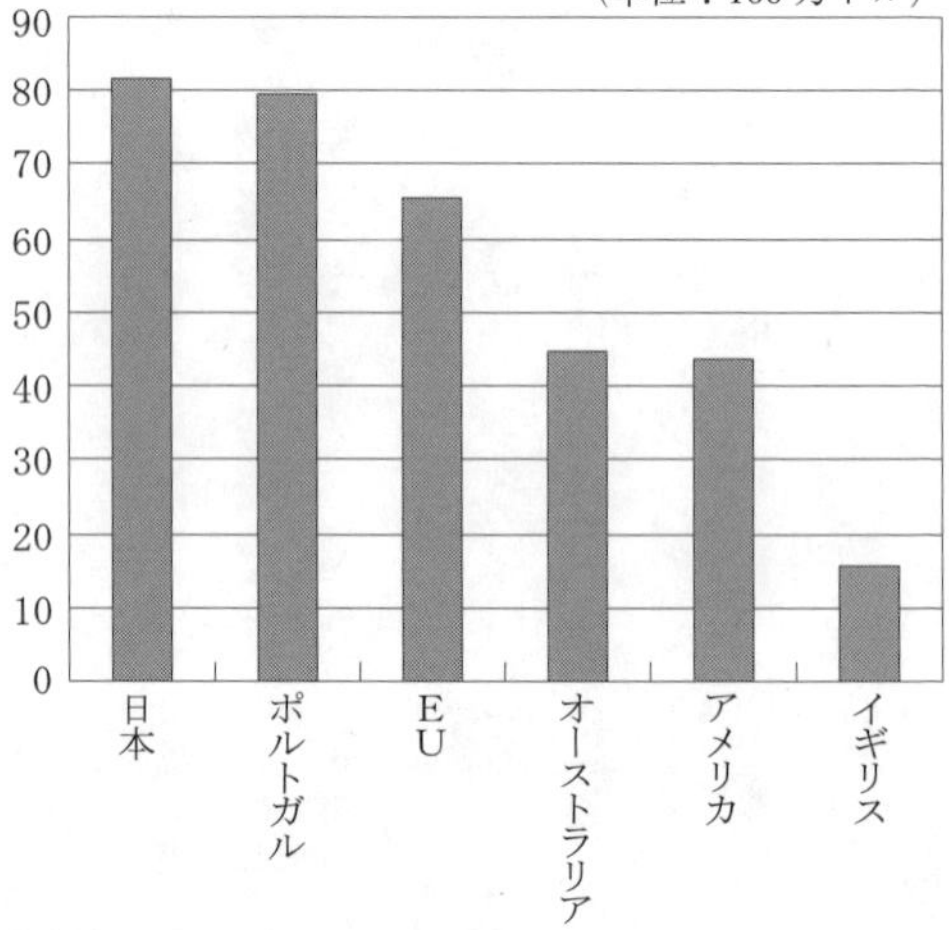

（出典）La'o Hamutuk Bulletin, Vol.2, No.8.

築」という言葉だ。

「平和構築」という考えは、九二年にガリ国連事務総長（当時）が出した報告書『平和への課題』（国際連合広報センター）で打ち出されたものだ。国連の安全保障部門の役割を強調し、予防外交と平和維持、平和創造にとどまらず、「紛争後の平和構築」というメカニズムを強調したのである。「達成された平和をさらに永続的な基盤に乗せる」ために、経済や社会、文化、人道問題にも取り組もうというものだ。これを受けて、世界銀行やＯＥＣＤ（経済開発協力機構）、さらに日本ではＪＩＣＡ（国際協力事業団）などが、「平和構築」や「紛争と開発」に積極的に関わりはじめた。こうした流れのなかで、とくに日本政府は、ＰＫＯ（国連平和維持活動）とＯＤＡを結びつけた国際協力により、紛争後の「新国家」づくりに積極的に乗り出そうというのである。

「復興支援」や「平和構築」という名のもとに、実際は何がおこなわれているのか。東ティモールを例に検証する。

2　紛争の原因について沈黙する国際社会と日本

九九年八月三〇日の住民投票の結果が明らかになった九月四日直後から、民兵団とインドネシア国軍による暴力が激しくなった。多くの家屋や学校などが破壊され、二〇万人近くが西ティモールへ連れて行かれた。

この日のディリの様子を、南風島渉氏はつぎにように書いている[1]。

「すでにタクシーやベモは完全に営業を止めている。荷物を背負い、歩いて移動する道々で、気勢を上げる民兵の集団と出くわす。交差点ではインドネシア軍がバリケードを築いているが、通過する民兵の歓声に、兵士たちは手を挙げて応えてさえいる。（中略）民兵たちの武器が、この日を境に、より強力に進化していた。（中略）もはや民兵とインドネシア軍を識別することは全く無意味だった」

八月三〇日の住民投票に注目していた世界中のマス・メディアは、九月四日までの惨事を世界中に流した。しかし、なぜこうしたことが起きたのか、その原因、とくにインドネシア軍の荷担についてはほとんど伝えなかった。東ティモールへの「緊急援助」や「復興支援」は、このときの惨事に対処するためのものなのに、援助する側もまた、そのことについて触れようとしない。

『我が国の政府開発援助』の記述については、すでに本書の九一〜九二ページで触れられているが、そこには、東ティモールにおける九九年九月の「紛争」に、インドネシアがまったく関与していなかったかのように書いてある。インドネシア軍が民兵とともに虐殺に関与したという事実は、国連の人権調査団やインドネシア国家人権委員会の調査委員会も報告しているにもかかわらず……。

そもそも、投票の実施をめぐる合意の時点で、当の国連自体の態度があいまいだったのである。九九年三月におこなわれたインドネシアとポルトガルの外相会談で、インドネシアの提案する住民の直接投票の実施が合意される。このときすでに、東ティモールでは民兵の暴力行為が頻繁になっていたため、オーストラリアなどがＰＫＦ（国連平和維持軍）へ自国軍を派遣する意向を示していた。しかし結局、五月にインドネシア政府が住民投票の治安に責任をもつと約束した。ポルトガルと国連は、この紛争の当事者による治安維持に同意し、公約を結んだ。こうして東南アジアの「大国」への支援をつづけてきた国際社会は、あくまでもインドネシアの意思を最優先し、またもや東ティモールの実情を無視することになる。

その結果、国連安全保障理事会が多国籍軍を送ると決めたとき（九月一五日）にも、インドネシアによる破壊と虐殺が野放しになっていたにもかかわらず、多国籍軍はインドネシア軍と「協力」することが前提となった。当時のハビビ大統領は、「インドネシア軍は多国籍軍の連絡と助言を担当する」と明言している。国連が、虐殺の張本人と「協力」するというのだから、まったくおかしな話である。(2)インドネシアを信用した国際社会は、その責任をいまにいたっても正面から問うことはなく、問題をあいまいにしようとしている。

さらに、国連は九九年九月の虐殺に関する裁判・処罰をインドネシア政府の手に委ね、その進展

（というか後退というか）を見守っているだけである。インドネシアでは、二〇〇一年一一月にようやく人権特別法廷が具体化し、東ティモールでの一連の虐殺に関与した軍人の裁判が二〇〇二年三月一四日にはじまった。しかし、ここでも最大の責任者であるウィラント国軍司令官（当時）の名前は、容疑者リストにあがっていない[3]。しかもこの裁判は、九九年の四月と九月にディリ、リキサ、コバリマの三県で起きた事件しか扱えないのだ。こうした裁判のあり方に対しても、国際社会は問題を指摘しない。

そもそも、国連総会は、七五年一二月一二日に「ポルトガル領ティモール住民の民族自決と独立の権利を尊重し」「インドネシア軍の軍事介入を強く遺憾とし、同軍隊の遅滞なき撤退を要請」することを決議し、安全保障理事会も、一二月二二日に同様の決議を採択した。しかし、インドネシアはこの国連決議を無視し、東ティモールへの軍事力投入を拡大していく。そして、すべての当事者との接触を任務としていた国連特別代表の東ティモール訪問の際には、フレテリン（東ティモール独立革命戦線）支配地域への訪問を妨害した（ラモス・ホルタ東ティモール外相は、フレテリン国連代表としてこのとき国連で演説をしている）。

東ティモールに関する国連決議は、結局八二年を最後におこなわれなくなった。この背後には、インドネシアへの最大軍事援助国であるアメリカと、最大の経済援助国である日本、そして東西冷戦時のヨーロッパの思惑が強く働いていたのである[4]。

このように、国際社会（その後はオーストラリアも）は東ティモールの自決権行使を一貫して無視し、インドネシアに対しては国際社会のルールを守ることさえ求めてこなかった。

ところが、いま、各国政府や国際機関が東ティモールの「紛争と開発」あるいは「平和構築」について語るとき、「紛争」をつくりだした直接の原因に触れることはほとんどない。とにかく自分たちの思惑にそった「国家」をつくり上げてしまおうということにのみ専念しているかのようである。

3 「国家」をつくりたがる国際機関

九九年一〇月二〇日にインドネシア国民協議会が東ティモール独立を承認したことを受けて、国連安全保障理事会は一〇月二五日にUNTAET（東ティモール暫定統治機構）の設置を決めた。この決定によって、UNTAETは二〇〇二年五月二〇日まで、行政、立法、司法の三権を握ることになった。さらに、治安維持のために武力行使ができるPKF（国連平和維持軍）も備えている。この統治に資金を提供するために、国連のUNTAET信託基金と世界銀行のTFET（東ティモール信託基金）が設置される。こうして、国連と世界銀行による「国家建設」がスタートしたのである。

（一）国連

このUNTAETによる東ティモール統治について、マスコミは「ゼロからの出発」という言葉を好んで使い、「国連にとって初めての、壮大な実験」（『朝日新聞』社説、九九年一〇月二八日）や「未知の実験」（『読売新聞』社説、九九年一〇月二九日）と大きく持ち上げた。日本のマスコミは、「独立」を勝ち取った人びとよりも、外から「国家建設」にやってくる国際機関の動向のほうに関心があるようだ。東ティモールの人たちが、「実験」台にされてよろこぶはずがないという当たり前の感覚は、すっぽり抜け落ちている。

東ティモールという人口約七五万人の「小国」はいま、「二一世紀最初の独立国」というショー・ウィンドウに飾られる役割を与えられているようにさえ見える。議会や政府、警察や軍隊に関する取り決め、インドネシア支配時代には二万八〇〇〇人いた公務員を三分の一（約一万人）に減らす決定や、税金（所得税）や電気料金の徴収、通貨を米ドルに統一するなど、国家支配のための装置がUNTAETによって矢継ぎ早に進められている。[5]しかし、これらは東ティモールの人たちの暮らしや関心とはまったく無縁のところで決められてきた。

この状況を、中村尚司氏は、UNTAETによって「まるでママゴトのような国家づくりが進んでいる」と表現した[6]が、言い得て妙である。とはいえ、各国が膨大な資金を投じているのだから、ママゴトではすまされない。

UNTAETの広報誌は「UNTAETが達成した二〇のこと」を特集し、平和と治安の回復、人道援助の迅速な実施、暫定政府の発足、国民評議会の創設、税の徴収、市民教育の実施、住民登録の実施、国防軍の創設、公務員の採用、司法制度の整備、公共施設の修復などを挙げている。[7]たしかにこれらは、国連から見れば「成果」と言えるかもしれない。しかし、これらのうち、いったいどれだけが東ティモール人が本当に求めているものなのか。また、東ティモール人の自決権を具体化したものなのか。そのことについて、UNTAETはまったく触れていない。まるで、東ティモールを国連の建築基準にそってつくる「小さな政府」にしようとしているかのようだ。

この状況を、東ティモール人たちはどう見ているのか。

たとえば、UNTAETが徴収している所得税について、不満をもつ東ティモール人は多い。長期的に見れば、税収は必要かもしれない。しかし、多くの住民に現金収入がなく、税金の使途についての情報もほとんどない現状で、人びとを納得させるだけの説明があって導入されたものとは考えられない。東ティモールのために来ているはずの外国人は高給をもらっているのに、なぜそこからカネをとらないのかという正論が、現金収入のない東ティモール人から出てくるのは当然だろう。

(二) 世界銀行

この「ママゴトのような国家づくり」の資金管理を担当し、青写真を描いているもう一つの国際機関は、世界銀行である。世界銀行は国連と共催で、九九年一二月に東京で「東ティモール支援国会合」を開き、復興資金のコーディネーション役を務める姿勢を明確にした。

支援国会議では、世界銀行のTFET（東ティモール信託基金）の二〇〇〇年から〇二年までの予算として、五億二三〇〇万ドルを提示し、そのうち日本が一億ドル、イギリスが五七〇〇万ドル、ポルトガルが五六〇〇万ドルなど、合計三億七三〇〇万ドルの拠出が約束された。こうした資金は、インフラ整備や保健・衛生、教育、農業の「基礎分野」「コミュニティ再建」「民間分野」の再建に使われている。このうちアジア開発銀行が道路・港湾・上・下水道・通信・電力・小規模融資を管理し、世界銀行が保健・教育・農業・民間分野などを管理している。

このように世界銀行が積極的になっているのは、「紛争後の復興・国づくり」という新たな開発にアプローチしたいからである。そのために打ち出されたのが、「ポスト・コンフリクト（紛争）」という戦略である。これは、緊急援助から復興支援への移行にあたり、これらの支援の間のズレを生じさせないために考えられたものである。

二二四ページで紹介したガリ国連事務総長の「紛争後の平和構築」を受け、世界銀行は九八年に「ポスト・コンフリクト局」と「ポスト・コンフリクト基金」を設置した。そして、「紛争後の再建」活動に積極的に関わることを表明している[8]。その関わりのなかでも、とりわけ「移行期の支援戦略」と「初期の再建活動」を重視し、救援から復興への連続性を確保するために、計画作成と政府予算づくりに関わるという考えだ。また、援助国や国際機関の調整を重視し、「紛争後に実施されるプロジェクトに資金提供する支援国のリーダーシップをとる」ことも明言している。

東ティモールは、この「ポスト・コンフリクト」戦略の最初の「実験場」となっている。支援国会議で世界銀行は、農業、保健医療、教育、マクロ経済、インフラ整備など分野別の調査報告書を出した[9]。ここに書かれている多くの計画書は、インドネシア支配下にあった東ティモールの統計をもとにしており、東ティモールが独立しなくても、「地域開発計画」として提案できる程度のものである。

その後も、世界銀行は矢継ぎ早に調査団を現地に送り、多くのプロジェクト計画書をつくっている。

これらは、いったい誰のために書かれたものだろうか。そして、何人の東ティモール人が、英文で書かれたこれらの報告書を読んでいるだろうか。

東ティモール暫定政府の人権問題アドバイザーとなったエミリア・ピレスさんは、二〇〇一年三月に来日し、こう話した。

「わたしたちが東ティモールの将来の計画を考える前に、世界銀行が分厚い計画書をつくっていた。その作業に、わたしたち東ティモール人は関わっていない」

4　復興支援のあり方と日本政府の関わり

新生東ティモールの復興にとってもっとも大事なことは、これまでのような外からの計画にもとづくものでなく、東ティモール人の手による計画づくりがどこまでできるかという点だ。そのためには、どうしたらいいだろうか。

いま東ティモールでは、経済発展と貧困削減を目的とした「国家開発計画」がつくられようとしている。この計画策定委員会には、東ティモール暫定政府の閣僚五人と教会・ＮＧＯ・女性団体・若者など「市民社会」の代表五人（すべて東ティモール人）が参加している。また、全国で公聴会を開き、できるだけ広い層の意見を反映させる計画だ。東ティモールの将来計画を彼ら自身の手によってつくるという当たり前のことが、ようやくおこなわれようとしている。この計画づくりは、憲法制定と並ぶ重要な作業である。それだけに、このプロセスが、どれだけ東ティモールの人びとの考えを反映したものになるかが重要となってくる。

したがってこのプロセスは、世界銀行の「ポスト・コンフリクト」戦略のように援助の効率性のみを最優先させる考え方とはそぐわない。そもそも、たった三年間で「国家」という装置をつくろうという考えに無理があったのではないか。世界銀行も支援国もＮＧＯも、その意味では国家創りを急ぎすぎたと思う。とくに社会生活の基盤をつくる「開発計画」は、外部者主導ではなく、たとえ時間がかかっても住民同士の草の根レベルでの話合いをもって計画するべきものだろう。現在の「国家開発計画」は、住民聞き取りには二～三カ月しかかけずに策定されていく。自分たちのコミュニティの将来や責任について考えるまたとない機会なのに、あまりにも短い期間のため、参加できる人も限られてしまうという(10)。

滞在中に、わたしたちは東ティモールのＮＧＯと一緒にファウララとカイテホという二つの村で、村の未来を考えるワークショップを開いた。そして、いま何が必要かについて話し合った。ワークショップに期待することや、村での問題についてグループに分かれて話し合ってもらったが、なかなか話がはずまない。発言するのは、ほとんどが長老的な男性だ。

まず、ワークショップに期待することを挙げてもらうと、どのグループからも、「トラックが欲しい」「薬が欲しい」「学校をもっと良くしたい」という要求が出てくる。そこで、進行役が、このワークショップは何かを与えてもらうためのものではない、自分たちで何ができるかを考えるためのものであることを繰り返し強調する。

村での問題については、みんな長い時間をかけて話し合っていた。こういうときには、女性のほうが生き生きとしてくるようだ。「灌漑設備」「病気」「飲み水」「教育」などさまざまな問題があがってくる。たしかに、どれもこの村だけでは解決できない問題だ。しかし、最初からあきらめるのではなく、何か自分たちでできることはないか考えてみよう、と進行役が言う。そして、村人たちはまた話し合う。ファウララ村では、「昔は薬草を植えていて、病気のときはそれを飲んだよ」とおばあさんが話しはじめ、村にもう一度薬草を植えようということになった。

暴力を基本にしたインドネシアの支配下では、村人たちが自由に自分たちの考えを述べる機会はほとんどなかったはずだ。だからこそ、「沈黙の文化」(ブラジルの思想家、パウロ・フレイレの言葉)を打ち破り、村の問題を解決する力と知恵は自分たちにあると気づくことが必要だ。それには、かなりの時間が必要だろう。しかし、東ティモールのような「小国」の復興は、こうして一つ一つの村から進め、それをつないだときにはじめて「国の姿」が見えるという方向をめざすべきではないか。

これまで見てきたように、日本政府にとっては、東ティモールという「小国」との関係よりも、インドネシアという「大国」との関係を優先させるほうがより重要であるようだ。しかし一方で、東ティモールでのPKO(国連平和維持活動)に自衛隊を参加させるという点において、東ティモールは日本政府にとって重要なのである。この二つの基準から考えると、日本の「国益」(インドネシアに対する利権とPKO参加）のために、東ティモールを利用しようという日本政府の姿勢が見えてくる。

九九年一〇月からはじまった東ティモールへの日本の援助が、これまでどのように使われたか、二三六ページの表を見ていただきたい。

二〇〇〇年三月にJICAがディリ事務所を開き、(一)インフラ整備、(二)人材育成、(三)コミュニティ開発を柱に活動をおこなっている。たとえば人材育成については、公務員を対象とした日本やASEAN諸国での研修である。そのこと自体を批判するつもりはない。しかし、根本的な勘違いがあると疑わざるを得ないプロジェクトがある。東ティモール人の法曹関係者二五人を、こともあろうにインドネシアに連れて行って研修をおこない（二〇〇〇年九月）、さらにインドネシア人裁判官と弁護士を東ティモールに招いて研修をおこなったのである（二〇〇一年一一月）。

東ティモールの法律家の多くはインドネシアの大学で教育を受けているから、インドネシアで研修を受けたほうが経験を活かせるとか、言葉の問題もないので効果が大きいなどというつもりなのかもしれない。しかし、東ティモールを軍事侵略してきたインドネシアは、住民投票後の虐殺に関する人権特別法廷を、その対象を狭め、ようやく開始したばかりだ。また、インドネシアでは、政府が裁判所の判事の任命・異動に関する権限をもっており、事実上、司法権の独立が確立されていないと言われる。

これから東ティモールで「正義」にもとづいた司法を担おうという人たちを、このような国で研修させるというのは、本末転倒だ。東ティモールの「独立」を求める闘いを無視した日本が、今度は

表　日本政府のおもな対東ティモール支援（1999―2001年）

プロジェクト名	実施機関・拠出先	援 助 額
1　インフラ復旧	国連開発計画（UNDP）	2,412万ドル
ディリ‐アイナロ‐カーサ間道路緊急補修／ディリ市水道施設の改善／ディリ港緊急復興／コモロ（ディリ市）発電所改修／地方発電所改修		
2　農林水産業		
トウモロコシ・米の種子づくり	国連食糧農業機関（FAO）	約82万ドル
マナトゥト灌漑施設緊急復興	UNDP	336万ドル
3　人材育成		
ティモール・ロロサエ奨学金プログラム	UNDP	65万ドル
小学校修復プロジェクト	国連児童基金（UNICEF）	123万ドル
財政当局・中央銀行設立のための技術支援	国際通貨基金（IMF）	64万8000ドル
公務員の研修（法曹、外交官、財政金融、警察など）	JICA	n.a
4　NGO支援		
開発福祉支援事業（合計7件）（JICA）	各NGO	310万ドル
草の根無償資金協力（合計17件）	各NGO	146万3000ドル
5　選挙支援		
憲法制定議会選挙の実施（登録のためのIT支援、選挙監視団の調整など）	UNDP	119万ドル
6　人道支援		
1999年10月の国連統一アピールへの対応	UNTAET人道支援部	3000万ドル
国連高等難民弁務官事務所（UNHCR）への支援	UNHCR	320万ドル
NGOによる緊急人道支援（合計5件）		42万ドル
医薬品（300トン）		67万ドル
7　軍事支援		
多国籍軍支援	東ティモール多国籍軍	1億ドル
自衛隊のPKO参加	自衛隊	64億円
8　その他		
UNTAET信託基金への拠出		900万ドル
TFET（世界銀行東ティモール信託基金）		2600万ドル

「民主主義」を東ティモール人をインドネシアに連れて行き、そこで「法の支配を教えよう」というのだろうか。

似たような話で、ＵＮＴＡＥＴが東ティモール人に「市民教育」を実施しようとしたことがある（二〇〇〇年一〇月）。その前提にあったのが、「長く続いた植民地支配の結果、東ティモール人には民主主義の経験がなく、その内容をほとんど知らない」というものであった。これに対し、東ティモールのＮＧＯは、「九九年の住民投票の結果は、われわれが、民主主義とは何であるかを理解していることを示すものだ」と、強く反発した。

経済協力だけでなく、文化や平和、環境などの分野にも「援助」の枠を広げようとするとき、基本的な価値観をまったく共有しないまま、自分たちの価値観を押しつけることが多い。この「善意」の援助が大きな問題なのである。

もう一つ、日本政府が東ティモールの実情をまったく考えていない例として、自衛隊のＰＫＯ参加問題が挙げられる。これは、九九年一〇月から繰り返し問題となってきたことだ。ＵＮＴＡＥＴが成立し、日本による「人的貢献論」が高まったとき、当時の連立政権だった自民党・自由党・公明党が、「ＰＫＦ本隊業務の凍結を解除する」「武力行使と一体化しない国連の平和活動への参加・協力の道を開く」ことで、政策合意を結んだ。外務省も東ティモールでの「ＰＫＯ協力法に基づく自衛隊派遣は可能」とし、ＰＫＦ本隊業務以外の分野での自衛隊派遣に積極的だった。しかし、ＵＮＴＡＥＴが、国連憲章第七章に基づいた強制力行使（つまり武力行使）を前提としたＰＫＯ活動であったために、自衛隊派遣を断念し、代わりに「難民支援のために」西ティモールに自衛隊機を派遣した。

それから約二年後、ふたたび自衛隊のPKO参加への布石が打たれた。中谷元《はじめ》防衛庁長官は二〇〇一年六月二一日、「東ティモール独立後に国連が新たな平和維持活動を行なう場合には、自衛隊の派遣を前向きに検討する考えを表明し」「みずから現地を視察する考えを示」した(11)。また、自衛隊は七月中に二佐二人を東ティモールに派遣し、UNTAETからPKOについての情報を集めることとした。そして、在東ティモール日本政府連絡事務所に自衛官が派遣され、「紛争」の影すらないディリ市内で、迷彩服を着て「情報収集」をしたのである。

日本政府は自衛隊派遣の準備を進めることを正式に発表し、防衛庁は補正予算に六四億円を計上した。二〇〇二年三月には先発隊五〇人を送り、四月中旬までには道路や橋の維持修復に自衛隊施設部隊六八〇人が東ティモール入りすることになった。「武装解除の監視」や「緩衝地帯などでの駐留や巡回」といった「PKO本隊業務」への参加凍結が解除された「PKO法」改定後、はじめての自衛隊派遣である。

自衛隊のPKO参加は、ODAとは無縁であるかのように見える。しかし、「平和構築」という新しい概念を使ってODAとPKOを結び付けようという動きがこのところ強まっているので、無視できない。

JICAは、平和構築研究会をつくり、二〇〇一年四月に『平和構築＝人間の安全保障に向けて』という報告書を発表した。その目的の一つは、「JICAだけでは平和構築に取り組むことは不可能であることや、特に緊急援助については、PKOとの関係を整理することが不可欠である」ため、PKOの問題も含めて提言することにある（同報告書概要版）。しかし、「開発援助機関」であるJICAが、平和構築における開発援助のあり方を考えるにあたって、なぜ軍事分野を含むPKOの問題についても触れなければいけないのだろうか。

この報告書では、「国連平和維持活動法（PKO法）」に基づく緊急援助活動（自衛隊の派遣）と「国際緊急援助隊法（JDR法）」に基づく緊急援助活動（消防士、医師、看護婦、JICA職員などの派遣）を比較し、現行の法的枠組みを大きく変更しない場合の方向性を提案している。そのなかに、「PKO法の活用」と「JDR法の活用」というものがある。前者は、「自衛隊派遣への制約（参加五原則など）をなくし、『人道的な国際救援活動』に積極的に参加すること」、後者は、「『災害』の定義を拡大し、紛争に起因する被害にも国際緊急援助隊が参加できるようにすること」とある。ここではいかにも「客観的」に二つの可能性が示されている。しかし、PKO法が成立されてから、くり返し登場する「国際貢献」論がPKOへの自衛隊参加をめぐってのものだったということを考えれば、ここで示された二つの可能性のうち、PKO法の活用だけを唯一の選択であるかのように利用する人間が出てくる。

この研究会のアドバイザーだった草野厚氏は、「日本のPKO活動は国際基準を満たしていない。憲法は遵守しているが、『安全』なところしか出かけておらず、PKO本来の目的とは矛盾している」と述べ、東ティモールPKO司令官に「一人でも二人でもいいから日本人の存在が必要です」と言われたことを紹介している[12]。

二〇〇一年九月一一日以後、アメリカによるアフガン戦争への協力法として成立した「テロ対策特別措置法」のような軍事協力ではなく、ＰＫＯという「国際共同活動」に参加するほうが日本の国際協力のあり方として望ましいという流れが広がっている[13]。しかし、ＰＫＯ法に基づく自衛隊の海外派遣を「国際協力」と呼ぶことはできない。日本のような軍事大国の軍隊がＰＫＯに参加することは、ＰＫＯの植民地主義的性格をさらに強める結果にしかならない。

こうした流れに対抗するためにいま必要なのは、「平和構築」を戦争や軍隊のない社会へ向けての営みと位置づけるという視点であり、わたしたちの国際協力をこの視点に基づいて進めることである。

5　ＮＧＯに何ができるか

表（二三六ページ）を見ると、東ティモールへの援助は国際機関やＮＧＯを通じたものが多いことがわかる。これは、日本政府にプロジェクトを考えるだけの能力がないこともあるが、緊急支援段階から現地で活動している国際機関やＮＧＯが、資金を提供する国や機関を待っていたということでもある。

とくに緊急援助の場合、国連高等難民弁務官事務所（ＵＮＨＣＲ）や国連児童基金（ＵＮＩＣＥＦ）

などは、自分たちでプロジェクトを実施するだけの人材がないため、実施をＮＧＯに委託する場合がよくある。また、緊急援助の経験が長い国際ＮＧＯは、かなり早い段階（東ティモールで言えば、多国籍軍が上陸した九九年九月二〇日以後）から活動をはじめているので、その実績をもとにプロジェクトの実施団体となることが多い。つまり、国際機関とＮＧＯとの間には、相互依存の関係ができあがっているのである。

日本のＯＤＡである「草の根無償資金」や「開発福祉支援事業」などは、現地で活動しているＮＧＯを対象にしているため、外務省としても、日本のＮＧＯに使ってほしいという意向があるようだ。事実、日本人の少ない東ティモールでは、ＮＧＯと政府連絡事務所の人間が会うことも多く、よく「草の根無償資金」の話が出る。わたしの属するアジア太平洋資料センターも、「草の根無償資金」を得て「小・中学校の机・椅子製作＝職業訓練」プロジェクトを実施している。

わたしは、ＮＧＯが政府からの資金を得て活動することをまるごと否定しようとは思わない。いまの日本のＯＤＡのあり方を変えるためには、ＮＧＯを通じた小規模援助を増やすことが必要だと思う。

しかし、こうした政府とＮＧＯなどの関係を「オール・ジャパン」という言葉でひとまとめにする傾向が強くなっていることには、大きな違和感を感じる。東ティモールへの最大の資金提供国である日本として「顔の見える援助」をしたいというのが、日本政府＝外務省の意向である。彼らが「日本の顔」にしたいのは、政府、ＮＧＯ、企業、そして自衛隊である。これらを全部まとめて、「オール

・ジャパン」と呼ぶのである。少し前まで、政府は「NGOとの連携」を強調していたが、それを一歩進めて、今度は「オール・ジャパン」を強調する。

ちょっと待ってほしい。たしかにわたしたちは「日本のNGO」であり、日本人の払った税金を使ってプロジェクトをおこなってはいる。しかし、だからと言って、なぜ勝手に「オール・ジャパン」の一員にされなければいけないのか。わたしたちは、東ティモールの自立を支援してきた世界的な連帯運動の一環として、東ティモールで活動している。それは、独立と自由を妨げてきた日本政府などとは、はっきりと一線を画す、国境を越えた活動である。そしてこれは、インドネシアをはじめとする、国家による暴力に反対する運動でもある。

こうした原則的な違いをあえて無視し、東ティモールで活動しているということだけですべてをひとくくりにして、「オール・ジャパン」などと呼ばないでほしい。これは東ティモールのようなさまざまな国際機関や政府が「援助競争」をしている場において、「日本」を強調しようとする新しいナショナリズムだ。この流れにきちんと抵抗するかどうか、いまNGOに問われているのは、まさにこの点である。

NGOという言葉は、日本社会のなかでも定着してきた。しかし、言葉だけでは何も意味しない。わたしたちが自らをNGOと呼ぶ意味は、「国民」とひとくくりにされない、国家を相対化する視点をもっているかどうかにかかっている。

新しい「国家」をつくろうとしている東ティモールでも、国家を相対化する視点をもつ人たちとのネットワークを強めて、市民によるグローバルなつながりをつくっていく必要がある。この動きこそが、東ティモールの「新国家」づくりを上から進めようとするグローバルな力に対抗する力となるはずだ。

(1) 南風島渉『いつかロロサエの森で』コモンズ、二〇〇〇年、二二五～六ページ
(2) この間のプロセスについては、古沢希代子「東ティモールと予防措置——国連の説明責任」『PRIME No.11』(明治学院大学国際平和研究所、二〇〇〇年一月)に詳しい。
(3) この法廷の容疑者は一八人、うち三人がインドネシア軍将軍である。
(4) 東ティモール独立運動と国連の決議の過程については、古沢希代子・松野明久『ナクロマ——東ティモール民族独立小史』(日本評論社、一九九三年)を参考にした。
(5) UNTAETは当初、(一)統治・行政部門、(二)人道援助部門、(三)治安維持部門(平和維持軍と文民警察)から構成されていたが、人道援助部門は二〇〇〇年一二月で終了し、二〇〇二年五月の独立までは、統治・行政部門と治安維持部門だけが活動した。
(6) 中村尚司「『自立』のチャンスをつかむために」『月刊オルタ』二〇〇〇年一〇月号。
(7) *Tais Timor,* Sep. 2001.
(8) The World Bank, *Post Conflict Reconstruction : The role of the World Bank,* 1998, p.10.
(9) EAST TIMOR Building A Nation : A Framework for Reconstruction and Development, Nov., 1999.
(10) 蜂須賀真由美「国家開発計画を住民参加の新たなスタートに」『月刊オルタ』二〇〇二年二月号。
(11) 『共同通信』配信記事、二〇〇一年六月二二日。
(12) 草野厚「平和構築雑感」『IDJC FORUM』二二号、二〇〇一年三月。
(13) たとえば、木村伊量「PKOを外交の柱に」『朝日新聞』二〇〇一年一一月二四日。

第7章　NGOの政策提言活動はODA政策をどう変え得るか

神田　浩史

1　後退した位置づけとODA大綱の制定

『検証ニッポンのODA』出版以後の一〇年間で、日本のODA政策は大きく変貌を遂げてきた。ポジティブな側面を考えると、わたしたち日本の市民がODA情報にアクセスする術は、情報公開法の制定やインターネットの活用などにより、大きく改善されてきた。また、一〇年前なら、ODAによるプロジェクトで被害を受けた人びとが来日して直接訴えても門戸を閉ざしていた外務省や財務省などの関係省庁や、JICA（国際協力事業団）、JBIC（国際協力銀行）などのODA実施機関が、門戸を開けるだけでなく、NGOと定期的に協議をおこなうようになっている。この一〇年間、「開発」を考える上でのキーワードとして認知されるようになってきた「参加と公開」の原則が、ODAを出す側には少しずつ整えられてきた。

一方で、「開発」の直接の受益者にもなり、被害者にもなる可能性のある、ODAを受ける側から考えると、必ずしも事態が好転したとは言えない。受け手の側の情報公開は、相変わらず受取国政府の判断に委ねられたままである。一部の例外はあるものの、日本政府によるODA関連文書の現地語訳はほとんどおこなわれていない。

「公開なくして参加なし」と言われるように、ODA受取国市民が「開発」に参加するためには、情報公開が大前提となる。このような状況のもとでは、ODAによる「開発」をめぐる受取国市民との間の混乱や対立は繰り返されるだけだ。環境や地域社会に対する影響について考慮されるようになったとはいえ、十全ではなく、環境破壊や社会、文化への侵害はいまなおつづいている。

日本政府の基本政策におけるODAの位置づけに関しては、この一〇年間、わたしたち市民の視点から見ると、むしろ後退した。

ODAが日本の外交手段として明確に位置づけられたのは、一九九〇年のイラクのクウェート侵攻にともなう湾岸危機から翌年の湾岸戦争にかけてのことであった。「中東貢献策」「国際貢献」と名づけられた日本の戦争荷担策の柱として、自衛隊の海外派兵と並んでODAが位置づけられていったのである。ODAを外交の手段として明確化することについて、当時は、自民党内にも異論があったし、メディアにおいても批判的な論評も見受けられた。一〇年が経過し、自衛隊が当然のごとく戦地に赴くようになったいま、ODAを外交の手段と位置づけることに対して、野党からもメディアからも異論が唱えられなくなってしまっている。

わたしはこの一〇年間、「ODA改革」に少なからず時間を費やしてきたつもりでいる。実際、それに取り組む市民・NGOの層も、少しずつではあるが厚くなった。しかしながら、その限られた成果を冷静に見つめ直すと、改めて自らの非力さを感じざるを得ない。根幹の政策の後退に至っては、改めて戦略を練り直す必要性を痛感させられる。この小稿では、自らの体験をもとに、この一〇年間の市民・NGOとODAとの関係を振り返り、これからの道筋について探ってみたい。

日本のODAは、内実はともかく「要請主義」をタテマエとして実施されつづけてきた。これは、受取国の「要請」があってはじめて供与を検討するというもので、アメリカ合州国のODAに代表されるような、供与国の戦略的意味合いからの供与はおこなわないとされてきた。そのタテマエが大きく変更されたのが、九一年の湾岸戦争のときである。

当時、自民党幹事長だった小沢一郎氏を中心に、ODAは、自衛隊の海外派兵と並んで日本の「国際貢献」の柱と位置づけられ、日本政府の意向により供与することが当然とする「外交の手段」論が声高に唱えられた。小沢氏は、無原則とも言える日本のODAの原則を定めるよう主張し、九一年二月に当時の自民党政調会長の加藤六月氏の私案が発表された。

その後、「原則」では拘束力が強すぎるとの外務省の抵抗もあり、「ODA四指針」として定められたのは、自衛隊の掃海艇が戦後日本の軍隊としてはじめての海外派兵となるペルシャ湾へと派遣された四月のことである。この四指針をベースに、環境と開発の調和やODAの軍事転用を禁じた条項などを加えて原則とし、翌年六月にブラジル・リオデジャネイロで開かれた地球サミットの前に、「O

DA大綱」が閣議決定された。そこでは、次のような原則を掲げている。

「政府開発援助の実施に当っては、国際連合憲章の諸原則（特に、主権、平等及び内政不干渉）及び以下の諸点を踏まえ、相手国の要請、経済社会状況、二国間関係等を総合的に判断の上、実施するものとする。

（一）環境と開発を両立させる。

（二）軍事的用途及び国際紛争助長への使用を回避する。

（三）国際平和と安定を維持・強化するとともに、開発途上国はその国内資源を自国の経済社会開発のために適正かつ優先的に配分すべきであるとの観点から、開発途上国の軍事支出、大量破壊兵器・ミサイルの開発・製造、武器の輸出入等の動向に十分注意を払う。

（四）開発途上国における民主化の促進、市場指向型経済導入の努力並びに基本的人権及び自由の保障状況に十分注意を払う」

この原則は、ODAに関する統轄法をもたない日本において、一〇年を経た今日でも最高の基準とされている。ところが、法でないがゆえに拘束力をもたず、原則とはいえ単なる努力目標にとどまっているのである。また、各項目が厳格な規定とされていないため、運用も曖昧で、空文化してしまっている。その証拠に、原則の（三）（四）から見ればODA対象国としても適格性を疑われるインドネシアや中国が、この間日本のODAの最大の受取国であったのだ。

ここに掲げられた文言では十分ではないが、これらを遵守するだけでも、ODAの質は相当向上する。市民の側からＯＤＡの改革を訴えていく際に、わたしたちは法制定を求め、同時に、いまある基準の明確な適用を求めることが重要である。

2　停まったＯＤＡ——カンボジアへの農薬供与

海外版公共事業とも言われる日本のＯＤＡは、国内の公共事業同様、一度動き出すと停まらないと言われてきた。受取国市民の反対が強くとも、地域環境に及ぼす影響が甚大であろうとも、政権がクーデターなどで転覆しない限りブレーキがかからない。そのＯＤＡが、停まるケースが出てきた。九三年にカンボジアに対して供与されようとしていた、食糧の増産を目的に農薬、化学肥料、農業機械を無償で供与し、その売上代金を受取国が国内の開発事業に使うという食糧増産援助（ＫＲ２）である。農薬の供与に限ってではあるが、停止された。

九一年に和平合意がなされたカンボジアに対して、日本政府は「復興」のイニシアティブをとろうと、積極的なＯＤＡ供与を表明していった。「復興」に向けて熱心なのは日本政府だけでなく、日本企業も、援助ビジネスとその後の利権獲得をめざして躍起になっていた。企業が仕掛けたところにＯＤＡが供与されるという伝統的な手法により、このＫＲ２は進行していく。

この動きをいち早く察知し、危機感を抱いたのは、カンボジアのＮＧＯである。ＯＤＡ供与に企業が暗躍していることもさることながら、農薬が供与されること自体を大きな問題として、日本のＮＧ

Oに向けて情報が発せられてきた。

カンボジアへの農薬供与は、単に自然環境に悪影響を及ぼすという問題にとどまらない。農薬に関する法整備のされていない国に対する供与の問題、カンボジア語（クメール語）での説明書なしに売ることの問題、内水面の水生生物をおもなタンパク源としている人びとの健康に対する問題に加えて、インドネシアでは継続的な農薬、化学肥料の使用によって収穫量が減少していることなどが指摘され、日本政府に対して供与停止が求められたのである。

これを受けて、日本のNGO間でも連携が図られていく。カンボジアのNGOとの連携を日本国際ボランティアセンター（JVC）が、国内の農薬問題に取り組むNGOとの連携を日本消費者連盟が担当し、さらにODA問題に取り組んできたODA調査研究会（のちの地域自立発展研究所＝IACOD）など政策提言型のNGOが加わった。シンポジウムを開催したり、外務省との間で交渉をつづけたり、農薬を使わない農法に関するレクチャーをカンボジアでおこなったりしつづけた。一連の活動も功を奏し、カンボジアに対するKR2のうち農薬供与だけとはいえ停止された。

このときの教訓は、何よりもまず受取国のNGOとの連携の重要さである。カンボジア和平以前から現地で活動していたJVCによって、現地のNGOと日本のNGOとの連携が密に図られたことが大きかった。それにともない、日本国内で関心が広がっていった点も大きい。国内でも関心の高い農薬という問題を通じて、日本の市民・NGOにも広くこの問題が浸透していった。ODA政策を改変するためには、活動分野や活動地域を越えた連携が重要であることを、このときの経験は教えてくれている。

3　ＮＧＯと省庁との定期協議

九二年六月の地球サミット以後、ＯＤＡ関係省庁のＮＧＯへの対応が多少変化してくる。それまで関係省庁は、ＯＤＡ実施に異議を唱える日本のＮＧＯ関係者と会うことを露骨にいやがり、門前払いにしていた。被害者たちと直接会うこともいやがり、ＯＤＡ実施機関へ出向くように促しさえした。しかし、地球サミットでＮＧＯが見せた集結力、提言能力が影響したのかは定かではないが、少なくとも門前払いはなくなり、市民・ＮＧＯ側にとってはなかなか実はあがらないまでも、担当者との意見交換の場は個別に設けられるようになっていく。

ＯＤＡ関係省庁とＮＧＯとが定期的に協議をはじめておこなったのは、九四年四月にはじまった「人口・エイズに関する地球規模問題イニシアティヴ（Global Issues Initiative＝以下、ＧＩＩ）に関する外務省／ＮＧＯ懇談会」である。これは、日本政府が九四年二月に打ち出したＧＩＩに対して、提言をおこなっていたＮＧＯがコアとなって、おもに保健分野の開発援助について外務省と情報交換することを目的にはじめたものである。九四年九月にエジプトのカイロでおこなわれた国連人口会議には、三つのＮＧＯが政府代表団に参加した。

協議は隔月でおこなわれてきた。そして二〇〇〇年七月の沖縄サミットで、日本政府が「沖縄感染症イニシアティヴ（Infectious Diseases Initiative＝以下、ＩＤＩ）を打ち出したのを受けて、二〇〇〇年一一月に名称を「ＧＩＩ／ＩＤＩに関する外務省／ＮＧＯ懇談会」と名称を改めてつづけられている。

これにつづいて、九六年四月から「ＮＧＯ・外務省定期協議会」がスタートする。これは、九五年一二月にＮＧＯ活動推進センター（現、国際協力ＮＧＯセンター＝ＪＡＮＩＣ）主催でおこなわれた国際シンポジウム（「新たなパートナーシップの創造――〝南〟の人々の自立に寄与する政府のＮＧＯ支援策とは？・」）で提唱されたＮＧＯと外務省との協議会構想を受けて実現したものである（このシンポジウムは、九四年から九五年にかけてＪＡＮＩＣがつづけてきた七カ国の共同研究「『南』の人々の自立に寄与する政府のＮＧＯ支援策」を受けて、おこなわれた）。

各地のＮＧＯの地域ごとの連携を目的とした地域別ネットワークＮＧＯに向けて呼びかけられ、それに応じた関西ＮＧＯ協議会と名古屋ＮＧＯセンターが設立当初から現在まで参加している。

外務省側からは経済協力局の七つの課が参加し、当初はおもにＮＧＯ支援策を中心に協議していく場であった。現在は、それに加えてＯＤＡ中期政策や国別援助政策などについても協議する場として、年四回のペースで開催されている。

次に、「ＮＧＯ・大蔵省（現、財務省）定期協議」が九七年四月にはじまった。これは、おもに大蔵省国際金融局（現、国際局）が所管している世界銀行やアジア開発銀行（ＡＤＢ）などの多国間開発金融機関（ＭＤＢｓ）や、国際通貨基金（ＩＭＦ）などに対する日本政府の施策を協議する場として、設置されたものである。

直接的には、九七年五月に福岡で予定されていたADB福岡総会を前に、東京、福岡、関西のNGOがADBの施策に関してさまざまな提言活動をおこなっていたのを踏まえて、社民党の秋葉忠利衆議院議員（現、広島市長）が衆議院大蔵委員会で、NGOとの協議の場を設けることに関して大蔵省に質問し、大蔵省がそれに答える形で発足した。発足以降は、日本の公的資金による債務問題や、環境破壊、人権侵害など、現在はJBICに統合されている日本輸出入銀行や海外経済協力基金の施策も含めて協議をおこなっている（年四回）。

さらに、九八年四月には「NGO・外務省定期協議会」のもとに「NGO・JICA協議会」（年四回）が設置されている。そのもとにはワーキング・グループとして、「開発教育小委員会」「開発パートナー事業（コントラクト・アウト）小委員会」「評価に関する小委員会」が設けられている。九九年二月には、同じく「NGO・外務省定期協議会」のもとに「『二一世紀に向けてのODA改革懇談会』最終報告書フォローアップ小委員会（ODA改革小委員会）」も設けられたが、第二次ODA改革懇談会の発足に伴って現在休止中である。

二〇〇一年四月には、「NGO・JBIC定期協議会」（年四回）も発足している。JBICは、東京以外での開催にも意欲的で、先にはじまった諸定期協議に先駆けて二〇〇一年一二月には、大阪会合も開かれた。

JBICとの定期協議が実現したことで、現在、経済産業省を除くおもなODA関係省庁とODA実施機関すべてが、NGOと定期協議をおこなっていることになる。後述するが、それぞれに一長一短がある。年に四回程度の開催とはいえ、告知からはじまる事前準備、調整、実施、議事録作成、情報公開を進めることによって定期協議のアカウンタビリティ（実施責任、説明責任）を確保し、情報収集、分析、提言立案などを進めることによって定期協議の実効性を維持していくことは、ＮＧＯにとっても大きな課題となっている。

4　ＯＤＡを改革するために

一　各省庁の「ＯＤＡ改革」

日本のＯＤＡにとって、九七年は大きな転機となった年である。それまでＯＤＡ予算は軍事（防衛）予算とともに聖域視され、増額されることはあっても減額されることはなかった。それが行財政改革の流れのなかで、一律一〇％減額されることがいち早く公表された。これに慌てたのがＯＤＡ関係省庁である。

ＯＤＡ予算は当時の省庁で一七省庁にもまたがっていたが、ＯＤＡの六割近くを占める円借款に強い影響力をもつ四省庁（大蔵省、外務省、通産省、経企庁）のうち、大蔵省以外の三省庁の反応がすばやかった。それぞれに「有識者」による懇談会や委員会を設け、各省庁による「ＯＤＡ改革」案を打ち出してきた。ＯＤＡが一七省庁にもまたがっているわかりにくさ、非効率さや、三省庁が別々にそれぞれの「ODA改革」を打ち出す無駄こそが行財政改革の対象とすべきである。にもかかわらず、予算減を前にしての各省庁の慌てぶりは、むしろ滑稽とも言える様相を呈していた。

とくに、通産省と経済企画庁の対応は早かった。九七年七月には、それぞれ「有識者」による委員会の「ODA改革」案を公表する。

通産省のものは、他省庁からも双子の兄弟と揶揄される経団連が五月に出していた「ODA改革」案をなぞった内容である。それは、日本経済の行き詰まりを受けて、「日本の産業界にとってのODAをめざすべし」という、国際的な流れからすると時代錯誤なトーンで書かれていた。一方、経済企画庁のものは、同庁が主管していた円借款の有用性を強調する内容であった。皮肉にも、同時期にタイからはじまったアジア通貨・金融危機で深刻な影響を受けた国々が、かねてから日本政府が「円借款の優等生」として持ち上げてきた国々であったため、その後改訂せざるを得なくなる。

二つの省庁に遅れて外務省は、九七年五月に外務大臣の私的諮問機関として「二一世紀に向けてのODA改革懇談会（ODA改革懇談会）」を発足させた。懇談会のメンバー構成は他省庁とさほど変わらず、官僚OB、「学識経験者」とされる大学の教員、経済界、ジャーナリストなどに加えて、NGOからもJANIC事務局長の伊藤道雄氏が一人だけ添え物のように加えられていた。添え物であっても、NGOからこのような委員会に加えられるようになったのは時代の変化かもしれない。

伊藤氏は、懇談会内部の議論の様子を、「NGO・外務省定期協議会」のメンバーだけでなく、九六年に活動をはじめていた「ODAを改革するための市民・NGO連絡協議会（ODA連絡会）」（現、

ODA改革ネットワーク）にも伝え、議論のポイントに対してコメントを求めてきた。ODA連絡会側からは、逐一コメントを返すとともに、他の懇談会メンバーとNGOとの意見交換会の開催を求めていった。その結果、一部の懇談会メンバーとNGOとの意見交換会がオープンな形で三度もたれ、NGO側でもテーマを絞って具体的な提案、提言をおこなっていった。

ODA改革懇談会の最終報告書は、九八年一月に出された。内容のすべてに賛同はできないが、社会開発分野の重視や情報公開の促進、開発教育の充足などNGO側からの提案、提言が多く採用されていた。盛り込まれた内容のうち、賛同できるものを過渡的に実現することも、「ODA改革」の一つの道筋かと思えるものでもある。

そこで、この最終報告書の実現をNGO、外務省双方でフォローしていくという趣旨で、約一年後に「『二一世紀に向けてのODA改革懇談会』最終報告書フォローアップ小委員会（「ODA改革小委員会」）」が設けられた。「ODA改革小委員会」は当初隔月で開かれ、最終報告書に盛り込まれたODA中期政策や国別援助計画の策定、ODAの情報公開や環境配慮などについて協議を進めていった。「NGO・外務省定期協議会」より高い頻度でおこなわれ、同協議会においてNGO支援策のみならずODA政策についても議論するという流れをつくりはしたが、いくつもの壁にぶつかりながら暗中模索で続けてきた感がある。

たとえば、ODA中期政策について議論をする際には、この政策自体、外務省が原案を担当するにしても、当時の関係一七省庁すべての合作となるため、他省庁に先駆けてNGOと議論できないという問題がある。国別援助計画の策定に関しては、当該国の住民やNGOからの意見聴取がもっとも重要だ。ところがそれに対する外務省の関心は低く、また、策定にあたっては政治家や産業界からの圧力が少なからずある。さらに、六名という固定されたメンバーで、議事録さえも非公開であったために、限られた知見・経験しか議論に活かせなかった。

これらの解決策を探ろうとしていた矢先に、新たな外務大臣の私的諮問機関としての第二次ODA改革懇談会なるものが二〇〇一年五月からはじめられ、「ODA改革小委員会」は休止となった。

二　市民・NGOの提言活動

九六年九月、東京で「ODAを改革するための市民・NGO連絡協議会（ODA連絡会）」の活動が開始された。ODA連絡会に集まったのは、それまでODA政策に対して政策提言をおこなっていたNGO関係者に加えて、JVCなど海外で開発協力をおこなっているNGOや国内のネットワークNGOなどである。

当初、活動の柱は二つあった。一つは、ODA基本法の制定に向けての活動である。その趣旨は、官僚の作文を閣議決定したにすぎない「ODA大綱」で世界最大のODAを規定するのは不十分であり、法律できちんと規定し、拘束力をもたせるべきだというものである。もう一つは、当時実現していなかった政策レベルの定期協議の実現である。そのために、まず円借款の主管官庁である経済企画庁とNGOとの間の定期協議を模索した。

前者の活動としては、『検証ニッポンのODA』に収録されているODA調査研究会が策定した「ODA基本法（案）」をベースに、九九年一二月にODA連絡会案を策定した。その後の国際機関の開発政策の改変などを加味した内容である。二〇〇一年七月には、ODA連絡会から改称したODA改革ネットワークが、参議院選挙の全立候補予定者にODA基本法策定に関するアンケート調査を実施し、ウェブサイトに掲載するなどの活動をおこなっている。

後者については、経済企画庁との協議は一度開かれたにすぎなかったが、前述したように別の流れで実現している。現在では、定期協議の実効性を高めることと説明責任の確保を大きな課題として掲げている。

これらの柱とは別に、ODA連絡会は、九七年以降のODA関係省庁の「ODA改革」に対して、独自の改革案を策定し、それを日本政府に提出してきた。これは、広く市民・NGOからのコメントも聴取し、多くのNGOの賛同を得たものである。

その一つは、九七年七月に出した『ODA改革に向けてのNGOからの提言・総論』である。そこでは最初に、ODAが短期的な経済的利益としての国益追求の手段ではなく、「貧困根絶、地球環境の回復、ジェンダー、人権などの地球的規模の課題に向け」るべきだということが書かれている。そして、そのために理念を明確化することが必要とし、具体的施策を掲げている。すなわち（一）「社会発展分野」への拠出の優先、（二）ODA行政の一元化、（三）ガイドラインの策定とODA基本法の制定、（四）住民参加を原則とする協力体制、（五）国会の関与と情報公開、（六）「地球市民教育（学習）／開発教育」の推進である。

もう一つの改革案は、これに連なる形で九九年一〇月に出した『ODA改革に向けてのNGOからの提言』の各論である。ODA実施の手続き、住民参加、ジェンダー、情報公開、環境、立ち退き、先住民族、市民社会との連携、自治体の開発援助、開発教育・地球市民教育の推進という一〇分野について、具体性の度合いなどについての凹凸はあるものの、多くのNGO関係者が起草し、まとめたものである。これらを一つの冊子とし、ODA関係一七省庁を招いての意見交換会（一一省庁の担当者が出席）の場で関係省庁に配布するとともに、全国会議員にも配布した。

現在は東京、中部、関西と三つの事務局を置いて、それぞれの地域でできる範囲の活動を続けている。そのなかで、ODA実施における政策改変のみならず、ODAの根本政策に対する提言、改変に向けてわたしたちに何ができるのか、そのためにはどのような手段があるのか、とりわけ世論への効果的な訴えかけや、本来政策策定主体である立法府への働きかけなどについての議論が改めてはじまりつつある。

三　定期協議のアカウンタビリティの確保

現在は、定期協議をいかに実現していくのかという段階から、定期協議のアカウンタビリティをどう確保し、実効性を高めていくのかという段階へ移ってきている。ここでは外務省と財務省との定期協議を対比させながら、それぞれの成果と課題、共通する成果と課題について考えてみたい。

まず、二つの定期協議は実施形態が異なる。外務省との定期協議が固定した参加者で構成されるのに対して、財務省はオープンで参加自由な形で運営される。前者の正式メンバーはＪＡＮＩＣから五名、名古屋ＮＧＯセンターから一名、関西ＮＧＯ協議会から二名の計八名で構成されている（これらに加えて、オブザーバーでの参加は認められている）。メンバーを固定するのは、議論の継続性を担保するためとされている。一方、後者は誰もが参加できる。ただし、現実には議題提案者や議論に参加する者は限られており、多くの参加者は実質的には傍聴者（オブザーバー）である。

定期協議の両省での位置づけも大きく異なる。外務省との定期協議が外務省において公式化され、その存在、議事録の要点が外務省のウェブサイトに掲載されているのに対して、財務省との定期協議については公式・非公式の点でＮＧＯと財務省との間で見解が異なり、その存在は財務省から対外的に告知されていない。この違いは議事録の作成方法にも現れており、外務省との定期協議の議事録は議論の要点を記載するのにとどまるのに対して、財務省との定期協議の議事録は逐語録となっている。すなわち、公式化されているほうは議事録が簡略化されているのに対して、非公式ととらえているほうは詳細な議事録を作成しているのである。

この違いは実施機関であるＪＩＣＡ、ＪＢＩＣとの定期協議にも影響しており、ＪＩＣＡは外務省型、ＪＢＩＣは財務省型をとっている。ただし、いずれも公式化され、議事録などはそれぞれのウェブサイトに掲載されている。

いずれの実施形態、情報公開にも一長一短ある。そのため、実施責任を保ちながら、公開と参加を確立し、透明性を確保するには、次のような方策が考えられるだろう。

（一）定期協議の総合調整会議を毎年開催し、定期協議の実施責任を負うファシリテーター（調整）役を、プロセスを公開して数名選び、定期協議の目的、発議の手続き、調整の原則などの了解をもとに参加は自由にする。

（二）議事録は逐語録を作成し、多くの人が読みやすいように要点ペーパーも作成する。その上で、NGO、当該省双方のホームページで公開する。

（三）協議の内容を毎年一度国会に報告する。

定期協議の成果については、評価がむずかしい。両方の定期協議の成果として、NGOと両省との相互理解や協議の促進といった信頼関係の醸成が挙げられるが、一方では参加する一部NGOと両省との関係が密になってある種馴れ合い状態を生んでいるのではないかとの疑念を引き起こしかねない。それを避けるためにも、定期協議のアカウンタビリティの確保は、何よりも重要になってくる。

四　定期協議の成果と課題

外務省との定期協議の成果として、NGO支援策の多様化が挙げられる。日本のODAによるNG

O支援策が本格化するのは、八九年に日本のNGOを対象としたNGO事業補助金と在外公館で扱える小規模無償資金協力（現、草の根無償資金協力）とが発足してからである。これら支援策のマイナーな改善もさることながら、それ以外に実質的にNGOの人件費を支給するNGO相談員制度、調査員制度や、補助金から委託へとシフトしたJICAの開発パートナー事業など、多様な支援策が創出されてきた。

これらすべてが定期協議の産物というわけではない。OECD（経済協力開発機構）のDAC（開発援助委員会）から日本政府に対し、NGOへの拠出金増について圧力がかかったり、NGO支援策を盾にODA予算減額を防ごうという外務省の省益的発想が働いたなどの要因が考えられる。そうしたなかで、新たに創出された支援策のいくつかは、定期協議でNGO側から発案されたものを外務省側でつくり変えたものであると見られる。

外務省との定期協議から生まれたものとして、「相互学習と共同評価」事業（九七年度より）がある。これは、相互の事業を理解するという目的ではじまり、はじめ三年間は相互学習の色彩の強い形態ではじまった。つまり、NGO関係者と外務省、JICAなどのODA関係者が、NGO事業、ODA事業双方の現場を訪問、議論し、そこから得られた提言も含めて一つの報告書にまとめていくというものである。四年目以降は、個別の事業ではなくプログラム評価の手法を共同で生み出していくためのトライアルの場へと目的をシフトしながら継続してきている。事業評価に関しては、JICAとの「評価に関する小委員会」に場を移してつづけられている。

財務省との定期協議に関しては、内部評価を二〇〇〇年四月にNGO間で、外部評価を一橋大学教員の大芝亮氏へ委託しておこなってきた。

内部評価において議論されたのは、定期協議の当初の目的として掲げられた、(一)多国間開発金融機関(MDBs)に対する日本政府の政策策定プロセスの開示と情報の共有化、(二)日本政府を通じてのMDBsの環境社会配慮政策の実現、(三)日本政府のアカウンタビリティーの確保、の三点である。このうち、(一)については達成が認められるものの、残りの二点についてはほとんど成果が見られないとの見方が大勢を占めた。また、MDBsの融資実施に関する政策だけでなく、MDBsや、とりわけIMFの融資の根幹をなす経済政策については、その是非についてNGOと財務省、あるいはNGO間でも見解が異なり、議論を深めていく必要性が指摘されている。

大芝氏による外部調査は、NGO関係者だけでなく、財務省関係者へのインタビューも交えておこなわれた。そのなかで、MDBsによる融資先の現地情報に疎い財務省にとってNGOからの情報・提言は貴重な位置を占めてきていることが、財務省からの評価として報告された。また、中国政府が世界銀行に求めていた中国西部開発計画への融資の可否を判断する際に、定期協議におけるNGOからの情報に基づいて大蔵省(当時)から世界銀行へ出向している理事が反対に回った(中国沿海地方で暮らす住民の内陸部への強制移住をともなうなど、チベットに対する華人移転を促進すると多くのNGOが批判した)ことが、成果として報告された。

これ以外にも、JBICの統合環境ガイドラインの策定にあたって、NGOからも参加して研究会がつくられた。研究会のプロセスは徹底して透明化が図られ、環境ガイドライン案が提示され、その後、ＪＢＩＣによって環境ガイドライン案が策定されていく。この環境ガイドライン案は、研究会の提言に比べ、情報公開の義務付けや異議申立機関の設置などについて後退した。ただし、ガイドライン案を成案化するプロセスにおいては、広くパブリック・コメントを求め、東京と大阪でパブリック・コンサルテーションを開催し、ＮＧＯとの定期協議でもコメントの採択諾否ならびにその理由についても提示されるなど、透明性の確保に腐心しながら進められてきている。

しかしながら、定期協議における課題は、数多くある。とりわけ、より一層のアカウンタビリティの確保は何にも増して重要である。そして、より一層の情報公開と参加を促す。そのために定期協議の目的を一層明確化し、実施プロセスもさらに確立していく必要がある。

参加を促すためには、東京だけでの開催についても見直さねばならない。遠隔地からの参加は、時間や金銭の負担があまりに大きく、困難である。二〇〇一年一月に世界銀行東京事務所との意見交換を、同一二月にＪＢＩＣとの定期協議を、ともに大阪で開催した際、それぞれ五〇人前後の参加者を得、政策に関して闊達な意見交換がおこなわれた。この経験からすれば、東京以外のさまざまな地域で協議をおこなうべきだろう。その前提として、定期協議をおこなうプロセスを含めた情報公開が重要である。また、参加の調整、情報公開などに要する費用負担も大きな課題となっている。

もう一つの大きな課題は、定期協議の実効性を高めるための戦略の構築である。先述したように、いくつかの定期協議が並行しておこなわれている。しかしながら、ＮＧＯ側でそれぞれの定期協議間の調整はされていない。それどころか、それぞれの定期協議での経験共有もほとんどおこなわれてはこなかった。非常に限られたNGOのリソース（人的資源、資金など）を投入しているのだから、実効性を挙げるためにも、少なくとも情報を共有し、戦略を策定していく場が必要である。また、ODAの根幹の政策を改変していくためには、行政府との協議だけでは限界があるので、立法府への働きかけについてもそうしたプロセスのなかで進めていけるのではないだろうか。

五　連携と協働のあり方を探る

NGO間の連携はどうなのか。そもそもNGOは、存立理由、活動内容、分野、地域などの多様性が、大きな特徴である。したがって、それらを一つに束ねるという発想自体が不要という考え方もある。

ODAをめぐり、NGOは二つに大別できる。一つはODAから資金を調達して自らの活動に使うNGO、もう一つはODA政策に対して提言し、政策実現に向けて世論喚起をおこなうNGOである。世界銀行などの国際機関においてもこれらを区別し、前者を実施NGO、後者をアドボカシーNGOと呼んでいる。

アドボカシーNGOは明示的に政策を提言しているのに対し、実施NGOは事業によって自らの政策を実現しようとする。国際機関や政府機関から見て、実施NGOは「支援」の対象として「連携」

が模索されてきたのに対して、アドボカシーＮＧＯは警戒する対象として「連携」の相手とはみなされない傾向が強い。また、性格の異なるＮＧＯ間では、差異を強調して疎遠になる傾向が強い。日本国内の公共事業の問題に取り組むＮＧＯの間では、政策提言から政策実現へという流れができつつある。それを受けて、霞ヶ浦や琵琶湖などで市民主体の公共事業が生まれてきており、ＮＧＯがそのファシリテーターとして、また市民と行政とのコーディネーターとして機能する例も出てきている。海外版の公共事業とも言えるＯＤＡにおいても、国際機関や政府機関から「支援」を受ける対象という位置づけから脱却して、自らの政策実現のためにＯＤＡを活用するという発想が必要となろう。

そのためには、ＮＧＯ間の垣根を取り払うことはもちろんのこと、ＮＧＯと行政、ＮＧＯと企業、あるいは三者の連携や協働も模索していくことが考えられる。あくまでも受取国市民の福利向上、エンパワーメントをめざして、さらには、地域のあるいは地球環境の保全、人権、ジェンダー、民主主義といったグローバルな課題の解決実現に向け、いままで以上に大胆な発想と行動がＮＧＯに求められている。

社会変革の触媒としてＮＧＯが機能するかどうか、ＯＤＡ改革に向けての連携、協働の模索は一つの試金石とも言える。

第8章　わたしたちの提言――ＯＤＡ基本法の制定を早急に

村井吉敬

1　ＯＤＡを国会での審議事項に

冒頭からたくさんの名前を羅列して恐縮だが、少しばかり注意深く見ていただきたい。

渡辺利夫（拓殖大学国際開発学部長）、浅沼信爾（一橋大学大学院国際企業戦略研究科教授）、荒木光彌（（株）国際開発ジャーナル社代表取締役・編集長）、五百旗頭《いおきべ》真《まこと》（神戸大学大学院法学研究科教授）、池上清子（（財）ジョイセフ企画開発事業部長）、市川博也（上智大学比較文化研究所所長、比較文化学部教授）、上島重二（三井物産（株）代表取締役会長）、河合三良（（財）国際開発センター会長）、小島明（（株）日本経済新聞社常務取締役・論説主幹）、小島朋之（慶應義塾大学総合政策学部教授）、田中明彦（東京大学大学院情報学環教授）、千野境子（（株）産経新聞社編集委員兼論説委員）、船戸良隆（特定非営利活動法人国際協力ＮＧＯセンター（ＪＡＮＩＣ）理事長）、弓削《ゆげ》昭子（フェリス女学院大学国際交流学部教授）。

以上の一四名の方は、二〇〇一年五月に組織された「第二次ODA改革懇談会」（外務大臣の私的懇談会、座長は渡辺利夫氏）のメンバーである。九七年四月に発足した「二一世紀に向けてのODA改革懇談会」（座長は河合三良氏）は一〇名のメンバーからなり、最終報告書を九八年一月に公表している。両委員会とも名を連ねたのは渡辺利夫、河合三良、五百旗頭真、小島明の四氏である。

個々のメンバーをとやかく言いたいわけではない（言いたいことも、もちろんあるが）。問題は、国会の承認もなく組織された大臣の「私的懇談会」が、審議を重ね、答申案を出せば、それが外務省（日本政府）のODA政策の指針となっていくということである。

九七年五月に発足した外務省の第一次ODA改革懇談会時の外相は、第一次橋本内閣の池田行彦（この年の九月の内閣改造で外相は小渕恵三に）、第二次懇談会発足時の外相は田中真紀子であった。

以上のメンバーを、外務大臣が本当に「私的に」選んだとは誰も思わないだろう。田中真紀子が、東大教授の田中明彦と私的に知り合っているとはとても思えないし、渡辺利夫と懇意であったとも思えない。誰もがわかっていることだが、この種の懇談会とか、あるいは政府審議会なるものは、ほとんどの場合、官僚が選んでいるのである。実際、懇談会について外務省は、「外務省は、学識経験者、報道関係者、財界、NGO（非政府組織）等の外部有識者からなる『第二次ODA改革懇談会』（外務大臣の私的懇談会）を設置することとし、第一回会合を、五月二三日、東京（外務省）において開催する」と説明している。

つまり、役人が役所の基準で懇談会メンバーを選んでいるにすぎないのである。

私的なことだが、わたしもかつて郵政審議会の専門委員になった経験がある。これは郵政省のやっている国際ボランティア貯金にかかわる事項についての相談ごとを引き受けるような役割で、決定権は何もなかった。こういう場で「専門家」の意見を「聴取」したことが、官僚の政策決定の「アリバイ」として機能する。お膳立てはほとんど官僚がおこない、「学識経験者、報道関係者、財界、NGO（非政府組織）等の外部有識者」は、そのレールを大きくは踏み外さぬ程度に意見を述べ、アリバイづくりに協力するのである。最近の風潮は、タウン・ミーティングと称して、町の意見を聴取する努力もしている。しかし、そこで出された意見も交通整理され、官僚にとって穏当なものにすり替えられてしまうにちがいない。

もちろんキャリア官僚は、世間の動向、世界の流れにさほど鈍感なわけではないだろうから、それなりに見栄えのする答申をつくるだけの力量は持ち合わせている。だが、根源において、省益（彼らは「国益」と言い換えるだろうが）を大きく損ねそうな提案をするようなことは、まずない。あるいは政権与党の機嫌を損ねるような答申を出すこともないだろう。

もう一つ気がかりなことは、ODA関連機関である外務省、財務省、JICA（国際協力事業団）、JBIC（国際協力銀行）などによるNGOとの協議の場である。NGOと、官庁やODA実施機関が協議の場をもつこと自体に反対しているのではない。NGOの問題提起によって、ODA政策が改善されていくこともあるだろう。問題は、これらの協議の場が、必ずしもオープンな場で決められたわけではないということである。誰がどのような基準で、どういうNGOに参加資格を与えているのかが不明確な場合が多い。

この間、世間の耳目を集めた、アフガニスタン復興支援会議（二〇〇二年一月二一、二二日に東京で開催）へのNGOの参加拒否問題もおなじような問題を提起している。

いったい、この会議にどのようなNGOが参加できるようになったのか、NGOのなかですら不明である。参加を予定していたピースウィンズ・ジャパンの統括責任者である大西健丞《けんすけ》氏の新聞紙上での発言が信頼関係を損ねる内容（「お上の言うことはあまり信用しない」と『朝日新聞』ひと欄で述べた問題）だったから、外務省の判断で参加させなかった、一日目は田中真紀子外相が参加させろといったので参加させた、これが外務省の見解である。

そもそも、たいていの人は、外務省の判断の裏に自民党の鈴木宗男衆議院議員の介入があったことを大西氏の発言ですでに知っている。族議員の介入や、政府（お上）への一般的批判だけでNGOの参加資格が問われ、それを外務省が鵜呑みにして参加資格を決定するとしたら、たまったものではない。その程度の役所と定期協議などして、本当にいいのだろうかと疑ってしまう。

政府の懇談会や審議会、あるいはNGOとの協議の場が、政府に都合の良い政策提言の場になり、ときには政府の政策を民間有識者やNGOが権威づける場にすらなる。もちろん、ある程度の改革につながることはあるにしても、これではあまりに透明性に欠ける。ODAを論議し、決定する場は、代議制民主主義制度に乗っている以上、一義的には国会という場であろう。

しかし、日本の官僚や、それに乗っかりさまざまな利権を吸い取ろうとする族議員（主要には自民党議員）、そしてODA関連民間企業などは、ODAを国会マター（国会での審議事項）にはしたがっていない。それどころか、ODAの抜本的改革には、つねに「抵抗勢力」として反対してきているのが実状である。

ODAを国会マターにするというのは、ODA基本法を制定し、法の下に国会の関与を法制化するということだ。この当たり前のことができないのである。

2 いつまでサボる⁉ ODA基本法

ODA基本法（国際協力基本法）を、はじめに国会に提起したのは、日本社会党（当時）の田英夫参議院議員だった（一九七五年）。その後、参議院で野党が中心になって法制化を試みたものの、成立には至らなかった。

市民の側からも、ODA基本法制定を求める声がある。フィリピンのマルコス政権崩壊（八六年二月）ののち、ODAのマルコス疑惑が発覚し、「問い直そう援助を！市民リーグ」（REAL）が同年五月に立ち上がった。マルコス疑惑をきっかけとして、ODAのありようを国会議員や市民に訴え、ODA改革に取り組もうというのが、この市民運動をはじめた動機だった。この運動のはじめから、ODA基本法の制定が、ODA改革の原点であるという認識で、八九年にはODA基本法の原案もつくった（村井吉敬編『検証ニッポンのODA』コモンズ、一九九七年、を参照されたい）。

また、二五四ページにも述べられている通り、ODAに関心をもつNGO連合体である「ODA改革のための市民・NGO連絡協議会」（ODA連絡会）が九六年に結成され、九九年一〇月『ODA改革に向けてのNGOからの提言』をまとめ上げた。これは、ODA基本法の骨子というべき内容を備えた総合的な提言である。

田議員の提起から二七年、市民運動側の提起から一三年もの月日が経ってしまった。しかし、ODA基本法の制定は今でも見通しがほとんど立っていない。なぜなのか。理由は比較的はっきりしている。

ODAに関わる官庁（主要には外務省）、ODAを利権と考える一部の自民党政治家、ODAに関わる業界、そして懇談会に名を連ねる有識者、これらが一団となって、基本法は要らないといっている。これら「政・官・財」は、ODAが国会マターになり、自由な裁量が奪われることを恐れているのである。なかには、ODAを「議員先生」マターにする（任せる）と利権化が一層ひどくなる、というもっともらしい理由を挙げる官僚もいる。

もう少し突っ込んで考えてみよう。市民から出されるODA基本法案には、たいていの場合、ODA行政の一元化・効率化が盛り込まれている。現状のODAは、あまりに多くの省庁が関わり、借款を実施する機関（JBIC）と、技術協力の実施機関（JICA）も分かれている。そのため、誰もが一元的な機関のほうが望ましいと考える。しかし、曲がりなりにもODAを掌握していると考える外務省は、一元化によってODAが自分の手を離れることを恐れている。いや、現在の棲み分け（外務省とJICAが無償と技術協力担当、財務省とJBICが借款を担当）を壊すようなことはしたくないというのがホンネであろう。ODAを供与される国や住民、そしてODAを供与する側の住民などは二の次なのである。

つぎは、ODAの中長期計画や予算を国会で審議することへの抵抗である。国会議員が予算委員会や決算委員会でODAの内容を審議するのは当然のことであるが、これが実現しないのである。理由は「外交は政府（外務省）の専管事項」というのである。

しかし、国民の税金や郵便貯金、厚生年金の使途をはっきりさせないでよい、などと言う権利が官僚にはあるのだろうか。それを是とする政府が存在していいのだろうか。緊急災害援助などについては、ある程度の裁量権が官庁に認められるかもしれないが、一兆円を超えるカネを議員が掌握し、審議されないなどということは許されない。

二つほどのいいわけが聞こえてくる。よその国（途上国）について専門的な知識をもたない国会議員に、ODAのことは任せられないというのが第一。第二に、外交機密だから安易にODAの計画など知らせられないというのである。

かりに、国会議員に専門知識がないとしても、それは議会に常任委員会をつくり、専門家をその場に呼べばいいのであって、官僚のお手盛りで審議会や懇談会、さらには国別の専門委員会をつくってそれでよしとするのは、国民をないがしろにしていることにほかならない。外交機密はたしかにあり得るにしても、ODAの供与原則を明確にし、決定過程を見えるものにすれば、被供与国からは、さほどの抵抗は起きないはずである。外交に携わる一部の官僚のみが、ODAの予算のほとんど全権を握っていることのほうが、よほど問題であろう。

これまで、こうした民主主義に基本的なことが実現できなかったのは、国会議員と市民にも大いに責任がある。議員でODAに関心をもっているのは、もっぱら利権議員でしかなく、市民もODAを争点に議員を選ぼうとはしてこなかったからである。

歴代の自民党総裁（＝首相）、外務大臣は多くの場合、ODA利権に関わってきたといわれる。外相の途上国訪問は「おみやげ」（ODAプロジェクト）がつきもので、外相たちはそこからなにがしかの利益を得ていたといわれている。たとえば、中曽根康弘首相（当時）がフィリピン訪問時（八三年五月）に急浮上し、実現された「国立航海技術訓練所拡充計画」プロジェクト、安倍晋太郎外相（中曽根内閣）の中南米やアフリカ訪問時の数々のプロジェクトなどには、疑惑がついてまわった。

「有識者」と称されて、審議会や懇談会に名を連ねる多くの人は、ODAは二重、三重のチェック機能があり、腐敗や汚職などあり得ないとよく言う。外務省の官僚もそう言ってきた。にもかかわらず、腐敗プロジェクトはあとを絶たない。たとえば、スハルトとその家族、クローニーの蓄財にはいっさいODAは関わっていなかったと、本気で言えるのだろうか。それ以上に、住民に迷惑をかけ、ときには住民を犠牲にしているプロジェクトも、本書でご覧の通りあとを絶たないのである。

3　国会・国民の責任

ＯＤＡ基本法を制定し、ＯＤＡを国会マターにしていく。これだけで問題が解決するとは思えない。新たな問題が発生するかもしれない。しかし、たとえ問題が生じようが、ＯＤＡは国民の税金・郵便貯金・厚生年金などで成り立っているのだから、国民が選んだ議員がその内容を決め、予算を決め、監査もおこなうべきであろう。懇談会、審議会、専門委員会は、公の場で審議されなければならない。民主主義の常識が成り立っていないのが、ＯＤＡの世界である。

ＯＤＡ基本法に盛られなければならないのは、国会にＯＤＡ常任委員会をつくること、ＯＤＡ行政を一元化すること、ＯＤＡの計画・予算は常任委員会できっちり議論して決めること、場合によっては、専門家を招致して意見を聴取することである。

さらに、ＯＤＡの受け手となる相手国政府や、プロジェクトが実施される地域住民が決定プロセスに加わる手だてが必要である。設計・施工・管理・評価にもかならず被援助国住民が加わり、とりわけ評価にあたっては、これまでのような外務官僚や実施機関の職員が関わることを避けねばならない。

また、会計監査は相手国政府を含め、厳格に実施されなければならない。それであってもＯＤＡには失敗がついて回る。その失敗は、行政の責任というより、国会・国民の責任として受けとめれば、官僚の責任回避風土は変わってくるかもしれない。最後に、基本法には盛り込みにくいかもしれないが、ＯＤＡで腐敗疑惑あるいは被援助国住民の被害を招いた場合の罰則（処罰）規定を、どこかでつくっておくべきだろう。

アフガニスタン復興支援会議へのＮＧＯ参加排除問題は、外相更迭、外務事務次官の辞任、関与したにちがいない鈴木宗男議員の衆議院議員運営委員長や自民党対外経済協力特別委員長の辞任、自民党離党など、思わぬ波紋を呼んだ。わたしたちは外務省の不始末、無定見や、鈴木宗男議員のあまりに露骨な外務省や外務省実施事業への関与を高みの見物よろしく、批判し、非難し、あるいは嗤《わら》ってきた。だが、このような外務省や鈴木議員を放置してきた責任は、われわれにもある。官僚や議員がやりたい放題やってこられたことを、わたしたちは恥じるべきであろう。ＯＤＡのうちのほんのわずかのＮＧＯ事業補助金に群がり、政府にごますりをしかねないＮＧＯも見られないわけではない。

最後に、ＯＤＡを受ける側の人びとのおかれた状況を考えることがＯＤＡの原点であると確認しておきたい。この人びとと共にあるＯＤＡ像を求めることが、ＯＤＡ改革の原点でもある。

【著者紹介】

藤林《ふじばやし》 泰《やすし》 1948年生まれ。埼玉大学助手。主著『日本人の暮らしのためだったODA』（コモンズ、共編著）、『ゆたかな森と海のくらし』『モノ・カネ・ヒトがうごく』（岩崎書店、共編著）、『海のアジア⑥アジアの海と日本人』（岩波書店、共著）など。「開発」と「南進」、二つの関心からフィリピンやインドネシアの現場を訪ねては、うろうろ、おろおろ、わくわくしています。

長瀬《ながせ》 理英《りえい》 翻訳業。共著『日本人の暮らしのためだったODA』（コモンズ）。今回は実際に現地に行かなかったので、わたしたちの原則からするとはずれています。現地に行ってわたしが書いたテーマを深めてくれる人の出現に期待します。

福家《ふけ》 洋介《ようすけ》 1951年生まれ。大東文化大学教員。主著『大きなヤシの木と小さなヤシ工場』（福音館書店、共編著）、『日本人の暮らしのためだったODA』（コモンズ、共編著）、『海のアジア⑥アジアの海と日本人』（岩波書店、共著）。東南アジアの海と大地をそこそこのスピードで行き来する「両生類」をめざしています。

久保《くぼ》 康之《やすゆき》 1968年生まれ。インドネシア民主化支援ネットワーク・コア・メンバー。共著『スハルト・ファミリーの蓄財』（コモンズ）など。「開発」の問題を考えながら、コトパンジャン・ダム建設で移転させられた村に通っています。

村井《むらい》 吉敬《よしのり》 1943年生まれ。上智大学教員、アジア太平洋資料センター代表理事、インドネシア民主化支援ネットワーク・コア・メンバー。主著『エビと日本人』（岩波新書）、『サシとアジアと海世界』（コモンズ）、『スハルト・ファミリーの蓄財』（共著、コモンズ）など。東インドネシアの海と島の世界を歩いています。

清水《しみず》 靖子《やすこ》 メルセス会修道女。主著『日本が消したパプアニューギニアの森』（明石書店）、『森と魚と激戦地』（北斗出版）、『森の暮らしの記憶』（自由国民社）など。日本の企業・戦争・暮らしが太平洋住民に与えてきた影響を追いかけています。

佐伯奈津子《さえきなつこ》 1973年生まれ。インドネシア民主化支援ネットワーク事務局長。共著『インドネシア——スハルト以後』（岩波書店）、『スハルト・ファミリーの蓄財』（コモンズ）など。アチェで軍に夫を殺された女性たちが生きる姿を見て、パワーをもらっています。

高橋《たかはし》 清貴《きよたか》 1960年生まれ。ODA改革ネットワーク世話人。共著『NGOの時代』（めこん）、その他調査論文など。おもにアジアの開発現場からの情報をもとに貧困削減と農村金融の関係を調べ、また紛争と平和構築の切り口から日本のODAに対して問題提起と代替案の提言をおこなっています。

越田《こしだ》 清和《きよかず》 1955年生まれ。アジア太平洋資料センター職員。共著『アジアの先住民族』（解放出版社）、『かわりゆく農村のくらし』（岩崎書店）など。東ティモールでしばらく暮らしてみて、改めて「国家」とは何かを考えています。

神田《かんだ》 浩史《ひろし》 ODA改革ネットワーク世話人。おカネやモノを通して、南の国の人びとや地域社会とニッポンとのつながりを調べていくなか、水という新たな課題が加わってきました。けれど、そろそろ上方の歴史、文化、芸能へとシフトしていきたいという思いも募っています。

〈ご案内〉

本書で議論をしたODA（国際協力）基本法案は、これまで国会議員、日本弁護士連合会などによって提案されてきました。このうちNGOが作成した法案には、⑴IACOD案と、⑵ODA改革ネットワーク案（現在作成中）の2案があります。⑴は『検証ニッポンのODA』（コモンズ）の巻末に掲載しており、⑵は目下議論を重ねている段階で2002年中にはODA改革ネットワークのウェブサイトでお知らせする予定です。二つの案を印刷物の形で入手ご希望の方は、下記にお問い合わせください。実費にて提供します。

＊地域自立発展研究所（IACOD）
〒162-0814　東京都新宿区新小川町9-10　新神楽坂ハウス810
TEL&FAX　03-5228-6918

＊ODA改革ネットワーク・関西
〒615-8072　京都市西京区桂木ノ下町1-11
TEL&FAX　075-381-7848

ODAをどう変えればいいのか

二〇〇二年六月 五日　初版印刷
二〇〇二年六月一〇日　初版発行

編著者　藤林泰・長瀬理英

© Yasushi Fujibayashi, 2002, Printed in Japan.

発行者　大江正章
発行所　コモンズ
編　集　出口綾子

東京都新宿区下落合一-五-一〇-一〇〇二
TEL〇三（五三八六）六九七二
FAX〇三（五三八六）六九四五
振替　〇〇一一〇-五-四〇〇一二〇
info@commonsonline.co.jp
http://www.commonsonline.co.jp/

印刷・東京創文社／製本・東京美術紙工

乱丁・落丁はお取り替えいたします。
ISBN 4-906640-53-2 C1030

＊好評の既刊書

日本人の暮らしのためだったＯＤＡ
●福家洋介・藤林泰編著　本体１７００円＋税

スハルト・ファミリーの蓄財
●村井吉敬・佐伯奈津子・久保康之・間瀬朋子　本体２０００円＋税

いつかロロサエの森で　東ティモール・ゼロからの出発
●南風島渉　本体２５００円＋税

ヤシの実のアジア学
●鶴見良行・宮内泰介編著　本体３２００円＋税

サシとアジアと海世界　環境を守る知恵とシステム
●村井吉敬　本体１９００円＋税

ＮＧＯが変える南アジア　経済成長から社会発展へ
●斉藤千宏編著　本体２４００円＋税

ボランティア未来論　私が気づけば社会が変わる
●中田豊一　本体２０００円＋税

地域漁業の社会と生態　海域東南アジアの漁民像を求めて
●北窓時男　本体３９００円＋税

＊好評の既刊書

暗黒のアチェ　インドネシア軍による人権侵害〈ニンジャ・ブックレット〉
●ＴＡＰＯＬ　本体８００円＋税

東ティモール　独立への道〈ニンジャ・ブックレット〉
●ロイ・パクパハン　本体６００円＋税

流血のマルク　インドネシア軍・政治家の陰謀〈ニンジャ・ブックレット〉
●笹岡正俊編著　本体８００円＋税

公共を支える民　市民主権の地方自治
●寄本勝美編著　本体２２００円＋税

地球環境よくなった？　21世紀へ市民が検証
●アースデイ２０００日本編　本体１２００円＋税

グリーン電力　市民発の自然エネルギー政策
●北海道グリーンファンド監修　本体１８００円＋税

自動車にいくらかかっているか〈選書オルタ〉
●上岡直見　本体１９００円＋税

コモンズとしての地域空間　共用の住まいづくりをめざして
●平竹耕三　本体２５００円＋税

＊好評の既刊書

安ければ、それでいいのか!?
●山下惣一編著　本体1500円＋税

肉はこう食べよう　畜産をこう変えよう　BSEを乗り越える道
●天笠啓祐・安田節子・増井和夫ほか　本体1700円＋税

有機農業の思想と技術
●高松修　本体2300円＋税

都会の百姓です。よろしく〈選書オルタ〉
●白石好孝　本体1700円＋税

森の列島に暮らす　森林ボランティアからの政策提言
●内山節編著　本体1700円＋税

森をつくる人びと
●浜田久美子　本体1800円＋税

木の家三昧
●浜田久美子　本体1800円＋税

〈増補3訂〉**健康な住まいを手に入れる本**
●小若順一・高橋元・相根昭典編著　本体2200円＋税